NAHB

# Jobsite Safety Handbook

Fourth Edition

National Association
of Home Builders

NAHB

# Manual de Seguridad en el Lugar de Trabajo

Cuarta Edición

Asociación Nacional
de Constructores
de Viviendas (NAHB)

T0170016

## NAHB Jobsite Safety Handbook, Fourth Edition

BuilderBooks, a service of the National Association of Home Builders

| | |
|---|---|
| Patricia Potts | Senior Director |
| Joel Alfaro | Cover Design |
| Joe Rudden & Robert Brown | Composition |
| | |
| Gerald M. Howard | NAHB Chief Executive Officer |
| John McGeary | NAHB Senior Vice President, Business Development and Brand Strategy |
| Denise Miller | NAHB Vice President, Event Product & Brand Marketing |
| Robert Matuga | NAHB Assistant Vice President, Labor, Safety and Health Policy |
| Christian Culligan | NAHB Program Manager, Safety |

**Disclaimer**

This publication provides accurate information on the subject matter covered. The publisher is selling it with the understanding that the publisher is not providing legal, accounting, or other professional service. If you need legal advice or other expert assistance, obtain the services of a qualified professional experienced in the subject matter involved. Reference herein to any specific commercial products, process, or service by trade name, trademark, manufacturer, or otherwise does not necessarily constitute or imply its endorsement, recommendation, or favored status by the National Association of Home Builders. The views and opinions of the author expressed in this publication do not necessarily state or reflect those of the National Association of Home Builders, and they shall not be used to advertise or endorse a product.

Printed in the United States of America

25 24 23 22      3 4 5 6

ISBN-13: 978-0-86718-777-9
eISBN 978-0-086718-778-6

For further information, please contact:
**National Association of Home Builders**
1201 15th Street, NW
Washington, DC 20005-2800
BuilderBooks.com

# Cuarta Edición del Manual de Seguridad en el Lugar de Trabajo de NAHB

BuilderBooks, un servicio de la
Asociación Nacional de Constructores de Viviendas

| | |
|---|---|
| Patricia Potts | Directora Sénior |
| Joel Alfaro | Diseño de portada |
| Joe Rudden y Robert Brown | Composición |
| | |
| Gerald M. Howard | Director Ejecutivo de NAHB |
| John McGeary | Vicepresidente Sénior de NAHB, Desarrollo Comercial y Estrategia de Marca |
| Denise Miller | Vicepresidenta de NAHB, Productos para Eventos y Mercadeo de Marca |
| Robert Matuga | Vicepresidente Auxiliar de NAHB, Política de Trabajo, Seguridad y Salud |
| Christian Culligan | Gerente del Programa de Seguridad de NAHB |

**Exención de Responsabilidad**

Esta publicación brinda información precisa sobre el tema que presenta. La editorial se encarga de la venta y asume que no proporciona servicios legales, contables ni cualquier otro servicio profesional. Si necesita asesoría legal o cualquier otro tipo de asistencia profesional, consulte a un profesional calificado con experiencia en el tema correspondiente. Las referencias que se hacen a los servicios, procesos o productos comerciales específicos por su nombre comercial, marca registrada, fabricante u otro tipo de nombre no necesariamente constituye ni implica respaldo, recomendación o estado favorecido por parte de la Asociación Nacional de Constructores de Viviendas. Las opiniones y los puntos de vista del autor expresados en esta publicación no necesariamente afirman o reflejan las opiniones o los puntos de vista de la Asociación Nacional de Constructores de Viviendas, y no se utilizarán para hacer publicidad de un producto o recomendarlo.

Impreso en los Estados Unidos de América.

23 22 21 20    1 2 3 4 5

ISBN-13: 978-0-86718-777-9
eISBN 978-0-086718-778-6

Para obtener más información, comuníquese a:
**National Association of Home Builders**
1201 15th Street, NW
Washington, DC 20005-2800
BuilderBooks.com.

# About NAHB

The National Association of Home Builders (NAHB) is a Washington, DC-based trade association representing more than 140,000 members involved in home building, remodeling, multifamily construction, property management, trade contracting, design, housing finance, building product manufacturing, and other aspects of residential and light commercial construction.

NAHB's Labor Safety and Health Services is committed to educating America's builders about the importance of construction safety. Our safety and health resources are designed to help builders control unsafe conditions, operate safe jobsites, comply with OSHA regulations, and reduce their workers' compensation costs.

If you have any questions regarding the content of this handbook, please contact

Labor, Safety and Health Policy
National Association of Home Builders
1201 15th Street, NW
Washington, DC 20005-2800
(800) 368-5242
nahb.org

# Acerca de NAHB

La Asociación Nacional de Constructores de Viviendas (NAHB) es una asociación comercial con sede en Washington, DC que representa a más de 140,000 miembros que llevan a cabo construcciones de viviendas, remodelaciones, construcciones de viviendas multifamiliares, administración de propiedades, contratación comercial, diseño, financiación de viviendas, fabricación de productos para la construcción, y otros aspectos de la construcción comercial ligera y residencial.

El Servicio de Salud y Seguridad Ocupacional de NAHB ha asumido el compromiso de educar a los constructores de los Estados Unidos sobre la importancia de la seguridad en la construcción. Nuestros recursos relacionados con la salud y la seguridad fueron diseñados para ayudar a los constructores a controlar condiciones de inseguridad, trabajar en obras seguras, cumplir con las normativas de la Administración de Salud y Seguridad Ocupacional (OSHA) y reducir los costos de indemnización de los trabajadores.

En caso de dudas relacionadas con el contenido de este manual, comuníquese a:

> Labor, Safety & Health Policy
> National Association of Home Builders
> 1201 15th Street, NW
> Washington, DC 20005-2800
> (800) 368-5242
> nahb.org

# Acknowledgements

Many individuals and companies were vital to the revision of the fourth edition of the National Association of Home Builders (NAHB) *Jobsite Safety Handbook*. NAHB would like to thank the following for their generous contributions of time and professional expertise in helping to improve this handbook: Chair and Vice-Chair of the NAHB Construction, Safety and Health Committee, Bob Hanbury, Construction Solutions Consultant LLC, and Juli Bacon, Bacon Maintenance Services LLC; Tom Markovich, Markovich Homes; J. Gary Hill, Job-Site Safety Institute; Bill Schaffner, Builders Mutual Insurance Company; Matt Murphy, Safety Environmental Engineering, Inc.; and Brad Hammock, Littler Mendelson P.C. The fourth edition of the NAHB *Jobsite Safety Handbook* was prepared under the general direction of NAHB's Executive Vice President of Housing Finance & Regulatory Affairs, David Ledford; Susan Asmus, Senior Vice President of Regulatory Affairs; Robert Matuga, Assistant Vice President of Labor, Safety & Health Policy; and Christian Culligan, Program Manager, Safety.

NAHB would also like to thank all those individuals, too numerous to mention here, who contributed to the earlier versions of the *Jobsite Safety Handbook,* created as a cooperative effort by NAHB and the federal Occupational Safety and Health Administration (OSHA) to assist builders and trade contractors in the residential construction industry to operate safe jobsites. This handbook, first published in 1996, has helped home builders and trade contractors reduce accidents and protect lives. Unless otherwise noted, photographs are by NAHB staff.

# Reconocimientos

Muchas personas y empresas fueron vitales para la revisión de la cuarta edición del Manual de Seguridad para el Lugar de Trabajo de la Asociación Nacional de Constructores de Viviendas (NAHB). La NAHB desea agradecer a las siguientes personas por sus generosas contribuciones de tiempo y experiencia profesional para ayudar a mejorar este manual: El Presidente y Vicepresidenta del Comité de Construcción, Seguridad y Salud de NAHB, Bob Hanbury de Construction Solutions Consultant LLC; Juli Bacon de Bacon Maintenance Services LLC; Tom Markovich de Markovich Homes; J. Gary Hill del Instituto de Seguridad en el Lugar de Trabajo; Bill Schaffner de Builders Mutual Insurance Company; Matt Murphy de Safety Environmental Engineering, Inc.; y Brad Hammock de Littler Mendelson P.C. Preparamos la cuarta edición del Manual de Seguridad para el Lugar de Trabajo de la NAHB bajo la dirección general del Vicepresidente Ejecutivo de Asuntos Regulatorios de NAHB, David Ledford; Susan Asmus, Vicepresidenta Sénior de Asuntos Reglamentarios; Robert Matuga, Vicepresidente Auxiliar de Política de Trabajo, Seguridad y Salud; y Christian Culligan, Gerente del Programa de Seguridad.

La NAHB también desea agradecer a todas aquellas personas, que son muchas como para mencionarlas aquí, que contribuyeron a las versiones anteriores del Manual de Seguridad en el Lugar de Trabajo, creado como un esfuerzo cooperativo por la NAHB y la Administración Federal de Seguridad y Salud Ocupacional (OSHA) para ayudar a los constructores y contratistas comerciales en la industria de la construcción residencial para operar sitios de trabajo seguros. Este manual, publicado por primera vez en 1996, ha ayudado a los constructores de viviendas y contratistas comerciales a reducir accidentes y proteger vidas. A menos que se indique lo contrario, las fotografías son del personal de la NAHB.

# Contents

# Contenido

# Introduction

The residential construction industry represents a significant percentage of the construction workforce. Builders appreciate the value of a well-written safety program. A good safety program plays an important part in reducing work-related injuries and fatalities, saves lives and saves building companies money by reducing:

- ☑ Workers' compensation costs
- ☑ Equipment losses
- ☑ Time spent on filing accident claims and reports
- ☑ Injuries in the workplace and the costs associated with injured workers
- ☑ Periods of lowered or decreased productivity

Studies show that the best safety programs are based on a proactive approach. There are three major motivator types for safety:

**Humanitarian –** Employers don't want to see workers get hurt.

**Economical –** Employers don't want to incur large fines, doctor bills, increased insurance rates or productivity losses.

**Legal –** Employers don't want to have to deal with lawsuits brought by workers who were injured on their jobsite.

# Introducción

La industria de la construcción residencial representa un porcentaje significativo de la fuerza laboral de la construcción. Los constructores aprecian el valor de un programa de seguridad bien escrito. Un buen programa de seguridad desempeña un importante papel en la reducción de lesiones y muertes relacionadas con el trabajo, salva vidas y ahorra dinero a las empresas de construcción, al reducir:

- ☑ Costos de compensación de trabajadores
- ☑ Pérdidas de equipo
- ☑ Tiempo dedicado a presentar reclamos e informes de accidentes
- ☑ Lesiones en el lugar de trabajo y los costos asociados con los trabajadores lesionados
- ☑ Períodos de baja o disminución de la productividad

Los estudios demuestran que los mejores programas de seguridad se basan en un enfoque proactivo. Existen tres tipos importantes de motivadores para la seguridad:

**Humanitario:** los empleadores no quieren que los trabajadores resulten lesionados.

**Económico:** los empleadores no quieren incurrir en grandes multas, facturas médicas, mayores tasas de seguro o pérdidas de productividad.

**Legal:** los empleadores no quieren tener que lidiar con demandas presentadas por trabajadores que resultaron lesionados en su lugar de trabajo.

The federal Occupational Safety and Health Administration (OSHA) defined "residential construction" in the Compliance Guidance for Residential Construction (STD 03-11-002). The directive interprets residential construction as construction work that satisfies <u>both</u> of the following elements:

- ☑ The end-use of the structure being built must be as a home, i.e., a dwelling.

- ☑ The structure being built must be constructed using traditional wood frame construction materials and methods. The limited use of structural steel in a predominantly wood-framed home, such as a steel I-beam to help support wood framing, does not disqualify a structure from being considered residential construction.

  - Traditional wood frame construction materials and methods will be characterized by:

    - *Framing materials: Wood (or equivalent cold-formed sheet metal stud) framing, not steel or concrete; wooden floor joists and roof structures.*

    - *Exterior wall structure: Wood (or equivalent cold-formed sheet metal stud) framing or masonry brick or block.*

    - *Methods: Traditional wood frame construction techniques.*

La Administración Federal de Seguridad y Salud Ocupacional (OSHA) definió "construcción residencial" en la Guía de cumplimiento para la construcción residencial (STD 03-11-002). La directiva interpreta la construcción residencial como un trabajo de construcción que satisface los dos elementos siguientes:

☑ El uso final de la estructura que se está construyendo debe ser para un hogar, es decir, una vivienda.

☑ La estructura que se está construyendo debe hacerse utilizando materiales y métodos tradicionales de construcción de armazón de madera. El uso limitado de acero estructural, como las vigas tipo I para ayudar a soportar la estructura de madera, en una vivienda construida predominantemente con una estructura de madera, no impide que este tipo de construcción sea considerado residencial.

- Los materiales y métodos tradicionales de construcción con armazón de madera se caracterizarán por:

  · *Materiales de la estructura: Estructura de madera (o el equivalente puntal o montante de acero laminado en frío), no acero ni hormigón; viguetas de piso y estructuras de techo de madera.*

  · *Estructura de las paredes exteriores: Armazones de madera (o el equivalente puntal o montante de acero laminado en frío), o ladrillos o bloques de mampostería.*

  · *Métodos: Técnicas tradicionales de construcción con estructura de madera.*

OSHA has adopted numerous safety and health standards applicable to the residential construction industry. These can be found in Title 29 of the Code of Federal Regulations, Part 1926. The NAHB *Jobsite Safety Handbook* includes important information that the residential construction industry can use to comply with OSHA regulations while focusing on the most common hazards found on jobsites. The book is designed to identify safe work practices and related OSHA regulations that have an impact on the most hazardous activities in the construction industry.

It includes a series of general safety tips. These tips are designed to provide examples of common best practices for residential construction safety that can be incorporated into your company's safety and health program.

The NAHB *Jobsite Safety Handbook* highlights numerous, but not all, safe work practices and regulations designed to prevent the major hazards and causes of fatalities occurring in the residential construction industry. Many detailed and lengthy requirements, such as OSHA's lead and asbestos standards applicable to portions of the industry, are not included in this handbook.

In addition, for the subject matters addressed, not every OSHA requirement related to the subject matter is included in the handbook. The information presented does not exempt the employer from compliance with all the applicable requirements contained in OSHA standards found in Title 29 of the Code of Federal Regulations, Part 1926, or from any state or local safety laws and regulations for the residential construction industry.

The handbook should be used only as a companion to the actual regulations and as a general guide to safe work practices in the residential construction industry. If any inconsistency ever exists between the handbook and the OSHA regulations, the OSHA regulations will prevail. This document should never be considered a substitute for compliance with OSHA standard.

OSHA ha adoptado numerosas normas de seguridad y salud aplicables a la industria de la construcción residencial. Puede consultar estas normas en el Título 29 del Código de Reglamentaciones Federales [CFR], Parte 1926. El Manual de seguridad en el lugar de trabajo de NAHB incluye información importante que la industria de la construcción residencial puede usar para cumplir con las reglamentaciones de OSHA, mientras se enfoca en los peligros más comunes que se encuentran en los sitios de trabajo. El libro está diseñado para identificar prácticas de trabajo seguras y reglamentaciones relacionadas de OSHA que tienen un impacto en las actividades más peligrosas en la industria de la construcción.

Incluye una serie de consejos generales de seguridad. Estos consejos están diseñados para proporcionar ejemplos de mejores prácticas comunes para la seguridad de la construcción residencial, que se pueden incorporar al programa de salud y seguridad de su empresa. El Manual de seguridad en el lugar de trabajo de NAHB destaca numerosas, aunque no todas, prácticas de trabajo seguras y reglamentaciones, diseñadas para prevenir los principales peligros y causas de muertes que ocurren en la industria de la construcción residencial. Muchos requisitos detallados y extensos, como los estándares de OSHA aplicables a partes de la industria con respecto al plomo y asbesto, no están incluidos en este manual.

Además, con relación a los temas tratados, no se incluyen en el manual todos los requisitos de OSHA relacionados con estos temas. La información presentada no exime al empleador del cumplimiento de todos los requisitos aplicables que contienen las normas de OSHA, que se encuentran en el Título 29 del Código de Reglamentaciones Federales, Parte 1926, o de cualquier ley y normativa de seguridad estatal o local para la industria de la construcción residencial.

El manual debe usarse solo como complemento de las reglamentaciones vigentes y como guía general de prácticas seguras de trabajo en la industria de la construcción residencial. Si existe alguna inconsistencia entre el manual y las reglamentaciones de OSHA, prevalecerán las reglamentaciones de OSHA. Este documento nunca debe considerarse un sustituto del cumplimiento de la norma OSHA.

States with Approved Occupational Safety and Health Plans are:

| | | |
|---|---|---|
| Alaska | Maryland | South Carolina |
| Arizona | Michigan | Tennessee |
| California | Minnesota | Utah |
| Connecticut | Nevada | Vermont |
| Hawaii | New Jersey | Virgin Islands |
| Illinois | New Mexico | Virginia |
| Indiana | New York | Washington |
| Iowa | North Carolina | Wyoming |
| Kentucky | Oregon | |
| Maine | Puerto Rico | |

*Note: The Connecticut, Illinois, Maine, New Jersey, New York and Virgin Islands plans cover public sector (state and local government) employees only.*

This handbook is based principally on federal OSHA standards. If you have operations in an OSHA state-plan state, you should contact your local administrator for further information about the standards applicable in your state. These states may have adopted construction regulations that differ from information presented in the NAHB *Jobsite Safety Handbook*.

Los estados con planes de salud y seguridad ocupacional aprobados son:

| | | |
|---|---|---|
| Alaska | Maryland | South Carolina |
| Arizona | Michigan | Tennessee |
| California | Minnesota | Utah |
| Connecticut | Nevada | Vermont |
| Hawaii | New Jersey | Virgin Islands |
| Illinois | New Mexico | Virginia |
| Indiana | New York | Washington |
| Iowa | North Carolina | Wyoming |
| Kentucky | Oregon | |
| Maine | Puerto Rico | |

*Nota: Los planes de Connecticut, Illinois, Maine, Nueva Jersey, Nueva York y las Islas Vírgenes cubren únicamente a los empleados del sector público (gobierno estatal y local).*

Este manual se basa principalmente en las normas federales de OSHA. Si desarrolla actividades en un estado con un plan estatal aprobado por OSHA, debe comunicarse con su administrador local para obtener más información sobre las normas aplicables en su estado. Es posible que estos estados hayan adoptado reglamentaciones de construcción que difieren de la información presentada en el Manual de seguridad en el lugar de trabajo de NAHB.

# Safety and Health Program Guidelines

Employers need to institute and maintain a company safety program of policies, procedures and practices to protect their employees from, and help them to recognize, job-related safety and health hazards. The company safety program should include procedures for the identification, evaluation, and prevention or control of workplace hazards, specific job hazards, and potential hazards that may arise. While safety programs will differ depending upon the specific operations of a company, an effective safety program generally outlines the rules and responsibilities of each employee and includes the following seven core elements:

**1. Management Leadership**

The most successful company safety program includes a clear statement of policy by the owner, signifying management support of safety policies and procedures. Top management should demonstrate its commitment to eliminating hazards, providing the necessary resources to do so, and working to continuously improve workplace safety.

# Pautas del Programa de Salud y Seguridad

Los empleadores deben implementar y mantener un programa con las políticas, los procedimientos y prácticas de seguridad de la compañía, para proteger a sus empleados y ayudarlos a reconocer los riesgos de seguridad y salud relacionados con el trabajo. El programa de seguridad de la compañía deberá incluir procedimientos para la identificación, evaluación y prevención o control de riesgos en el lugar de trabajo, riesgos laborales específicos y riesgos potenciales que puedan surgir. Si bien los programas de seguridad diferirán según las operaciones específicas de una empresa, un programa de seguridad efectivo generalmente describe las reglas y responsabilidades de cada empleado, e incluye los siguientes siete elementos principales:

**1. Liderazgo de la gerencia**

El programa de seguridad más exitoso de la compañía incluye una declaración clara de la política por parte del propietario, lo que significa el apoyo de la gerencia a las políticas y procedimientos de seguridad. La alta gerencia deberá demostrar su compromiso con la eliminación de riesgos, proporcionando los recursos necesarios para hacerlo y trabajando para mejorar continuamente la seguridad en el lugar de trabajo.

## 2. Worker Participation

Workers should be involved in all aspects of the structure and operation of the safety program — including setting goals, identifying and reporting hazards, investigating incidents, and tracking progress.

---

**Safety Tip:** *Ask workers to provide input and feedback about how well the company's safety and health program works. Challenge them to find solutions and implement new ideas as needed.*

---

## 3. Hazard Identification and Assessment

An effective company safety program sets forth procedures to analyze the jobsite to identify existing hazards, develop a system of eliminating or controlling exposure to hazards and monitor hazard correction. Periodic inspections and reassessments should be conducted to identify new hazards.

## 4. Hazard Prevention and Control

An effective safety program establishes procedures for eliminating or controlling known or potential hazards on the jobsite. This may involve engineering solutions, administrative controls or personal protective equipment (PPE).

## 2. Participación de los trabajadores

Los trabajadores deberán participar en todos los aspectos de la estructura y operación del programa de seguridad, incluidos el establecimiento de objetivos, la identificación y notificación de riesgos, la investigación de incidentes y el seguimiento del progreso.

 **Recomendación de Seguridad:** *Solicite a los trabajadores su opinión y comentarios sobre qué tan bien funciona el programa de seguridad y salud de la compañía. Desafíelos a encontrar soluciones e implementar nuevas ideas según sea necesario.*

## 3. Identificación y evaluación de riesgos

Un programa efectivo de seguridad de la empresa establece los procedimientos para analizar el sitio de trabajo a fin de identificar los peligros existentes, desarrollar un sistema para eliminar o controlar la exposición a los peligros y monitorear la corrección de riesgos. Se deberán realizar inspecciones y nuevas evaluaciones periódicas para identificar nuevos peligros.

## 4. Prevención y control de riesgos

Un programa de seguridad efectivo establece los procedimientos para eliminar o controlar los peligros conocidos o potenciales en el lugar de trabajo. Esto puede involucrar soluciones de ingeniería, controles administrativos o equipo de protección personal (EPP).

## 5. Education and Training

Train all workers to recognize workplace hazards and control measures. Training may be either formal or informal and should be provided for managers, supervisors and employees. The complexity of training depends on the construction work being performed, size and complexity of the jobsite, and characteristics of the hazards and potential hazards at the site.

## 6. Program Evaluation and Improvement

Evaluate the safety program to periodically determine its effectiveness and identify program shortcomings and opportunities for improvement.

## 7. Communication and Coordination for Employers on Multiemployer Jobsites

General contractors, trade subcontractors and staffing agencies (if applicable) should communicate information about any hazards present at the jobsite. Prior to beginning work, general contractors and trade contractors should coordinate on work scheduling to identify and resolve any conflicts that could impact safety or health.

## 5. Educación y capacitación

Capacite a todos los trabajadores para que reconozcan los riesgos en el lugar de trabajo y las medidas de control. La capacitación puede ser formal o informal y debe proporcionarse a gerentes, supervisores y empleados. La complejidad de la capacitación depende del trabajo de construcción que se realiza, el tamaño y la complejidad del sitio de trabajo además de las características de los peligros y posibles riesgos en el sitio.

## 6. Evaluación y mejora del programa

Evalúe el programa de seguridad para determinar periódicamente su efectividad, e identificar las deficiencias del programa y las oportunidades de mejora.

## 7. Comunicación y coordinación para empleadores en sitios de trabajo de empleadores múltiples

Los contratistas generales, los subcontratistas comerciales y las agencias de personal (si corresponde) deberán comunicar información sobre cualquier peligro presente en el lugar de trabajo. Antes de comenzar a trabajar, los contratistas generales y los contratistas comerciales deberán coordinar la programación del trabajo para identificar y resolver cualquier conflicto que pueda afectar la seguridad o la salud.

# Employee Duties

☑ Follow all company safety policies and applicable OSHA regulations.

☑ Use required personal protective equipment (PPE) and ensure that the PPE is maintained in good condition. Notify your supervisor immediately if your PPE is damaged or misplaced.

 **Safety Tip:** *It may be OK for workers to wear shorts on the jobsite, if there are no skin irritation, laceration or abrasion hazards. Workers should always wear shirts to protect against sun exposure.*

☑ Use all tools and equipment safely and make sure all safety features (i.e., guards) are on the tools and equipment and functioning properly. Never remove or alter tool/equipment safety features.

☑ Never operate tools or equipment unless properly trained.

☑ Maintain work areas in a clean and orderly manner; good housekeeping will increase jobsite safety.

☑ Use of drugs and alcohol is prohibited on the jobsite.

☑ Report all injuries, near misses, and any unsafe or hazardous conditions to your supervisor immediately.

# Deberes del Empleado

Respetar todas las políticas de seguridad de la compañía y las reglamentaciones aplicables de OSHA.

Usar el equipo de protección personal (EPP) requerido, y asegurarse de que el EPP se mantenga en buenas condiciones. Notifique a su supervisor de inmediato si su EPP está dañado o fuera de lugar.

 **Recomendación de Seguridad:** *Puede ser adecuado que los trabajadores usen pantalones cortos en el lugar de trabajo, si no hay riesgos de irritación, laceración o abrasión de la piel. Los trabajadores deberán usar camisa siempre, para protegerse de la exposición al sol.*

☑ Use todas las herramientas y equipos de manera segura, y cerciórese de que las funciones de seguridad estén presentes en las herramientas y equipos, y que funcionen adecuadamente (por ejemplo, los protectores). Nunca quite ni altere las funciones de seguridad de las herramientas/equipos.

☑ Nunca opere herramientas o equipos a menos que se encuentre debidamente capacitado.

☑ Mantenga las áreas de trabajo limpias y ordenadas; una buena limpieza aumentará la seguridad en el lugar de trabajo.

☑ Está prohibido el uso de drogas y alcohol en el lugar de trabajo.

☑ Informe inmediatamente sobre todas las lesiones, cuasiaccidentes y cualquier situación insegura o peligrosa a su supervisor.

# Employer Duties

☑ Keep the workplace free from hazards.

☑ Exercise reasonable care in discovering and preventing safety hazards on the jobsite.

☑ Fully comply with all applicable safety and health (i.e., OSHA) regulations.

☑ Provide a competent or qualified person to oversee compliance with applicable safety and health regulations. A competent person is capable of identifying hazards on the jobsite and has the authority to correct or eliminate them. A qualified person has a recognized degree or extensive knowledge, training, or expertise, and has demonstrated the ability to resolve problems related to the work or project.

☑ Provide training on the safety and health program and as required by OSHA regulations.

# Deberes del Empleador

☑ Mantener el lugar de trabajo libre de peligros.

☑ Proporcionar la atención necesaria para descubrir y prevenir riesgos de seguridad en el lugar de trabajo.

☑ Cumplir de manera integral con todas las reglamentaciones de seguridad y salud aplicables (es decir, las reglamentaciones de OSHA).

☑ Designar a una persona competente o calificada para que supervise el cumplimiento de las normas de seguridad y salud aplicables. Una persona competente es capaz de identificar los peligros en el lugar de trabajo, y tiene la autoridad para corregirlos o eliminarlos. Una persona calificada tiene un diploma reconocido o un amplio conocimiento, capacitación o experiencia, y ha demostrado la capacidad de resolver problemas relacionados con el trabajo o el proyecto.

☑ Proporcionar capacitación sobre el programa de seguridad y salud, según lo exijan las reglamentaciones de OSHA.

☑ Report to OSHA any worker fatality within 8 hours and any amputation, loss of an eye or hospitalization of a worker within 24 hours.

☑ Keep injury and illness records and submit to OSHA, if required.

☑ Conduct frequent and regular jobsite safety inspections.

- - - - - - - - - - - - - - - - - - - - - - - - - - - - - - - - - -

 **Safety Tip:** *Need more help? Your workers' compensation or general liability insurance carrier can provide loss-control services, such as safety program development, compliance audits, jobsite inspections, claims analysis and even training.*

- - - - - - - - - - - - - - - - - - - - - - - - - - - - - - - - - -

## Orientation and Training

Each worker must receive safety orientation and training on applicable OSHA regulations and company safety requirements, and/or demonstrate that he or she has enough experience to do his/her job safely. Employers should evaluate this training occasionally to ensure that employees understand and implement company safety requirements and OSHA regulations.

- - - - - - - - - - - - - - - - - - - - - - - - - - - - - - - - - -

 **Safety Tip:** *Holding weekly safety meetings with workers has been shown to reduce accidents and lower insurance costs.*

- - - - - - - - - - - - - - - - - - - - - - - - - - - - - - - - - -

☑ Informe a OSHA sobre el fallecimiento de cualquier trabajador dentro de las 8 horas y sobre cualquier amputación, pérdida de un ojo u hospitalización de un trabajador dentro de las 24 horas.

☑ Lleve registros de lesiones y enfermedades y envíelos a OSHA, si es necesario.

☑ Realice frecuentes inspecciones de seguridad regulares en el lugar de trabajo.

**Recomendación de Seguridad:** *¿Necesita más ayuda? Su compañía de seguros que le brinda seguro de compensación por accidente laboral de los trabajadores o seguro de responsabilidad civil puede proporcionarle servicios de control de pérdidas, como el desarrollo de programas de seguridad, auditorías de cumplimiento, inspecciones en el lugar de trabajo, análisis de reclamos e incluso, capacitación.*

# Orientación y capacitación

Cada trabajador debe recibir orientación y capacitación en seguridad sobre las regulaciones aplicables de OSHA y los requisitos de seguridad de la compañía, y/o demostrar que tiene la experiencia suficiente para hacer su trabajo de manera segura. Los empleadores deberán evaluar esa capacitación ocasionalmente, para garantizar que los empleados comprenden e implementan los requisitos de seguridad de la compañía y las regulaciones de OSHA.

**Recomendación de Seguridad:** *Se ha demostrado que mantener reuniones semanales de seguridad con los trabajadores reduce los accidentes y los costos de seguros.*

# Personal Protective Equipment (PPE)

Workers must use personal protective equipment (PPE) appropriate to the type of task they are performing, ensure the PPE properly fits and maintain the PPE in good condition. Equipment may include hard hats, safety glasses and hearing protection, but the use of personal protective equipment is not a substitute for working safely. Workers still need to follow best safety practices to avoid hazards (fig. 1). Employers must provide and pay for most PPE, depending on the type of activity being performed. Common examples of PPE that employers provide include, but are not limited to, hard hats, hearing protection or earplugs, safety glasses/face shields, hand-protection gloves and fall protection equipment. Employers do not have to pay for safety boots (i.e., steel-toe boots) provided employees are allowed to wear the boots off the jobsite. Employers also do not have to pay for common or everyday clothing such as long sleeve shirts, pants, street shoes and work boots.

# Equipo de Protección Personal (EPP)

Los trabajadores deben usar el equipo de protección personal (EPP) adecuado para el tipo de tarea que están desempeñando, asegurarse de que el EPP se ajuste correctamente y mantenerlo en buenas condiciones. El equipo puede incluir cascos, gafas de seguridad y protección auditiva, pero el uso del equipo de protección personal no sustituye a las condiciones de trabajo seguras. Los trabajadores deberán seguir las mejores prácticas de seguridad para evitar riesgos (Imagen 1). Los empleadores deben proporcionar y pagar la mayoría de los EPP, según el tipo de actividad que se realice. Los ejemplos comunes de EPP que proporcionan los empleadores incluyen, entre otros, cascos, protección auditiva o tapones para los oídos, gafas de seguridad/protectores faciales, guantes de protección para las manos y equipo de protección contra caídas. Los empleadores no tienen que pagar las botas de seguridad (es decir, botas con punta de acero) siempre que se les permita a los empleados usar las botas fuera del lugar de trabajo. Los empleadores tampoco tienen que pagar por la ropa común o cotidiana, como camisas de manga larga, pantalones, zapatos de calle y botas de trabajo.

**Figure 1. Worker with PPE.** *This worker is preparing to cut a piece of wood while wearing the proper PPE, including a hard hat and safety glasses. His saw is guarded correctly. His employer has determined that a high visibility vest and hearing protection should be used.*

**Imagen 1. Trabajador con EPP.** *Este trabajador se está preparando para cortar un trozo de madera mientras usa el EPP adecuado, incluidos un casco y gafas de seguridad. La sierra tiene la protección correcta. Su empleador ha determinado que se debe usar un chaleco de alta visibilidad y protección auditiva.*

## HEAD PROTECTION

☑ Workers must wear hard hats when overhead, falling, or flying hazards exist, or when danger of electrical shock is present.

☑ Inspect hard hats routinely for dents, cracks, or deterioration.

☑ If a hard hat has taken a heavy blow or electrical shock, you must replace it even if you detect no visible damage.

☑ Maintain hard hats. Do not drill them, clean them with strong detergents or solvents, paint them or store them in extreme temperatures.

**Safety Tip:** *Requiring workers and visitors to always wear hard hats and high visibility vests while on the jobsite will help instill a culture of safety and compliance.*

## EYE AND FACE PROTECTION

☑ Workers must wear safety glasses or face shields for welding, cutting, nailing (including pneumatic nailing), or when working with concrete and/or harmful chemicals.

☑ Eye and face protectors are designed for specific hazards. Select the appropriate type for the hazard.

☑ Protective eyewear, including safety glasses, must meet the American National Standards Institute (ANSI) Z87.1 requirements.

☑ Look on the frame for the Z87.1 mark to ensure safety glasses are impact resistant.

☑ Replace poorly fitting or damaged safety glasses.

## PROTECCIÓN PARA LA CABEZA

☑ Los trabajadores deben usar cascos cuando existan riesgos de objetos por encima de la cabeza que vuelen o caigan, o cuando exista peligro de descarga eléctrica.

☑ Los cascos deben inspeccionarse periódicamente para detectar abolladuras, grietas o deterioro.

☑ Si un casco ha recibido un fuerte golpe o una descarga eléctrica, debe reemplazarlo incluso si no detecta daños visibles.

☑ Debe realizarse el mantenimiento de los cascos. No los perfore, limpie con detergentes o solventes fuertes, no los pinte ni los almacene a temperaturas extremas.

**Recomendación de Seguridad:** *Exigir que los trabajadores y visitantes usen cascos y chalecos de alta visibilidad siempre que se encuentren en el lugar de trabajo ayudará a inculcar una cultura de seguridad y cumplimiento.*

## PROTECCIÓN DE OJOS Y CARA

☑ Los trabajadores deben usar anteojos de seguridad o protectores faciales para soldar, cortar, clavar (incluido el clavado neumático) o al trabajar con concreto y/o productos químicos nocivos.

☑ Los protectores de ojos y cara están diseñados para riesgos específicos. Seleccione el tipo adecuado según el riesgo.

☑ La protección visual, incluidas las gafas de seguridad, deben cumplir con los requisitos Z87.1 del Instituto Nacional Estadounidense de Estándares (ANSI).

☑ Busque que los marcos tengan la marca Z87.1, para garantizar que las gafas de seguridad sean resistentes a los impactos.

☑ Las gafas de seguridad mal ajustadas o dañadas deben reemplazarse.

## FOOT PROTECTION

☑ Residential construction workers must wear proper shoes or boots with slip-resistant and puncture-resistant soles (to prevent slipping and puncture wounds).

☑ Safety-toed shoes (having the ANSI Z41.1 mark) are required to prevent crushed toes when working with heavy rolling equipment or falling objects.

## HAND PROTECTION

☑ Workers should always wear the right gloves for the job (for example, heavy-duty rubber for concrete work, welding gloves for welding, insulated gloves and sleeves when exposed to electrical hazards).

☑ Protect hands from cuts, scrapes and punctures by wearing cut resistant gloves.

☑ Wear gloves that fit your hand.

☑ Keep hands and fingers away from sharp edges (saw blades, protruding nails, etc.).

☑ Do not wear rings or other loose articles that could get caught on moving power tools and equipment.

☑ Wear gloves that are most resistant to the chemicals being used.

- - - - - - - - - - - - - - - - - - - - - - - - - - - - - - - - - -

 **Safety Tip:** *Safety Data Sheets (SDS) will provide information on any special PPE requirements. For example, the type of glove material, such as PVC or nitrile rubber gloves; and breakthrough time of the glove material.*

- - - - - - - - - - - - - - - - - - - - - - - - - - - - - - - - - -

## PROTECCIÓN PARA LOS PIES

☑ Los trabajadores de la construcción residencial deben usar zapatos o botas adecuados, con suelas antideslizantes y resistentes a las perforaciones (para evitar resbalones y heridas punzantes).

☑ Es obligatorio el uso de zapatos con punta de seguridad (que tengan la marca ANSI Z41.1) para evitar el aplastamiento de los dedos de los pies al trabajar con equipos de rodadura pesados u objetos que se puedan caer.

## PROTECCIÓN PARA LAS MANOS

☑ Los trabajadores deben usar siempre los guantes adecuados para el trabajo (por ejemplo, de goma resistente para trabajos con concreto, guantes para soldar, guantes y mangas aislantes cuando estén expuestos a riesgos eléctricos).

☑ Proteja las manos de cortes, rasguños y pinchazos, usando guantes resistentes a los cortes.

☑ Use guantes que se ajusten a su mano.

☑ Mantenga las manos y los dedos alejados de los bordes afilados (hojas de sierra, clavos sobresalientes, etc.).

☑ No use anillos u otros artículos sueltos que puedan quedar atrapados en las herramientas y equipos eléctricos en movimiento.

☑ Use guantes que sean los más resistentes a los productos químicos que se utilizan.

- - - - - - - - - - - - - - - - - - - - - - - - - - - - - - - - - - - - - -

 **Recomendación de Seguridad:** *Las hojas de datos de seguridad (SDS) proporcionarán información sobre cualquier requisito especial de EPP. Por ejemplo, el tipo de material de los guantes, como los guantes de PVC o caucho de nitrilo, y tiempo de penetración del material del guante.*

- - - - - - - - - - - - - - - - - - - - - - - - - - - - - - - - - - - - - -

## FALL PROTECTION

☑ Use a properly installed personal fall arrest system (PFAS) to stop workers from contacting a lower level in the event of a fall. A PFAS consists of an anchor, connectors and a body harness. It may also include a lanyard, deceleration device, lifeline or combination of these (see Fall Protection, p. 48).

## HEARING PROTECTION

☑ Workers must use hearing protection (i.e., earmuffs or earplugs) when exposed to hazardous levels of sound from tools or heavy equipment.

☑ If hearing protection is required, establish and implement a written hearing-protection program.

## RESPIRATORY PROTECTION

☑ Workers must wear appropriate respiratory protection when exposed to inhalation hazards or when they are working in a hazardous atmosphere.

☑ If respirators are used, establish and implement a written respiratory protection program.

 *Safety Tip: Employers should develop a replacement plan for worn or damaged PPE. It is recommended that the manufacturer's instructions be followed for replacement timeframes. For example, most hard hat manufacturers recommend replacing hard hats every five years regardless of outside appearance and replace suspension liners every year.*

## PROTECCIÓN CONTRA CAÍDAS

☑ Utilice un sistema personal de protección contra caídas (PFAS), instalado adecuadamente para evitar que los trabajadores entren en contacto con un nivel inferior en caso de caída. Un PFAS consta de un ancla, conectores y un arnés de cuerpo. También puede incluir un cordón, un dispositivo de desaceleración, una cuerda salvavidas o una combinación de estos elementos (consulte Protección contra caídas, p. 49).

## PROTECCIÓN AUDITIVA

☑ Los trabajadores deben usar protección auditiva (es decir, orejeras o tapones para los oídos) cuando se expongan a niveles peligrosos de sonido provenientes de herramientas o equipos pesados.

☑ Si se requiere protección auditiva, establecer e implementar un programa escrito de protección auditiva.

## PROTECCIÓN RESPIRATORIA

☑ Los trabajadores deben usar protección respiratoria adecuada cuando se expongan a riesgos de inhalación o cuando trabajen en una atmósfera peligrosa.

☑ Si se utilizan respiradores, establecer e implementar un programa escrito de protección respiratoria.

 **Recomendación de Seguridad:** *Los empleadores deberán desarrollar un plan de reemplazo para un EPP desgastado o dañado. Se recomienda seguir las instrucciones del fabricante para los plazos de reemplazo. Por ejemplo, la mayoría de los fabricantes de cascos recomiendan reemplazar los cascos cada cinco años, independientemente de la apariencia exterior, y reemplazar los revestimientos de suspensión cada año.*

# Housekeeping and General Site Safety

☑ Keep all walkways and stairways clear of trash, debris, and materials such as tools and supplies to prevent tripping.

☑ Pick up boxes, scrap lumber, and other materials. Put them in a dumpster or trash/debris area to prevent fire and tripping hazards (fig. 2).

---

 **Safety Tip:** *When lifting, always bend your knees, not your back, and avoid twisting.*

---

☑ Provide a container for waste, trash, and other refuse.

☑ Provide enough light so workers can see and to prevent accidents.

☑ Provide an adequate supply of drinking water.

☑ Provide an adequate number of toilets (at least one for every 20 workers).

# Buenas Prácticas y Seguridad General en la Obra

☑ Mantenga todos los pasillos y todas las escaleras libres de basura, desechos y otros materiales, tales como herramientas y suministros, para evitar tropiezos.

☑ Levante las cajas, los restos de madera y otros materiales. Colóquelos en un contenedor o en un área de desechos/basura para evitar peligros de incendio o tropiezos (imagen 2).

**Consejo de Seguridad:** *cuando levante objetos, siempre doble las rodillas, no la espalda, y evite torcerse.*

☑ Coloque un recipiente para arrojar desechos, basura y otros materiales similares.

☑ Provea luz suficiente para que los trabajadores puedan ver y, de esta manera, eviten accidentes.

☑ Ofrezca un suministro adecuado de agua potable.

☑ Ofrezca una cantidad adecuada de baños (al menos uno por cada 20 trabajadores).

**Figure 2. A clean and organized jobsite.** *This jobsite is clean and free of debris. The builder uses an on-site trash collection bin to keep it that way.*

## Stairways and Ladders

☑ Install permanent or temporary guardrails on stairs before stairs are used for general access between levels to prevent people from falling or stepping off edges (fig. 3).

☑ Do not store materials on stairways used for general access between levels.

☑ Remove hazardous projections (protruding nails, large splinters, etc.) from the stairs immediately.

**Imagen 2. Un lugar de trabajo limpio y organizado.** *Este sitio de trabajo está limpio y libre de residuos. El constructor utiliza un contenedor de recolección de basura en el sitio para mantenerlo limpio.*

# Escaleras fijas y escaleras portátiles

- ☑ Instale barandas permanentes o temporales en las escaleras antes de usarlas para el acceso general entre niveles a fin de evitar que las personas se caigan o pisen fuera de los bordes (imagen 3).

- ☑ No almacene materiales en las escaleras utilizadas para el acceso general entre niveles.

- ☑ Retire las proyecciones peligrosas (clavos que sobresalen, astillas grandes, etc.) de las escaleras inmediatamente.

**Figure 3. Properly guarded stairs.** *The worker is walking up properly guarded stairs.*

☑ Correct slippery conditions on stairways before stairs are used.

☑ Keep manufactured and job-made ladders in good condition and free of defects.

☑ Inspect ladders for broken rungs and other defects before use to prevent falls. Clearly tag defective ladders "Do Not Use." Discard or repair defective ladders.

☑ Secure ladders near the top or at the bottom to prevent them from moving or slipping and causing falls.

**Imagen 3. Escaleras debidamente aseguradas.** *El trabajador está subiendo escaleras debidamente aseguradas.*

☑ Corrija las condiciones resbaladizas en las escaleras antes de usarlas.

☑ Mantenga las escaleras fabricadas y construidas en el lugar de trabajo en buenas condiciones y sin defectos.

☑ Inspeccione las escaleras en busca de peldaños rotos y otros defectos antes de usarlas, para evitar caídas. Coloque etiquetas claras en escaleras defectuosas que digan «No usar». Deseche o repare las escaleras defectuosas.

☑ Asegure las escaleras cerca de la parte superior o en la parte inferior para evitar que se muevan o produzcan resbalones y caídas.

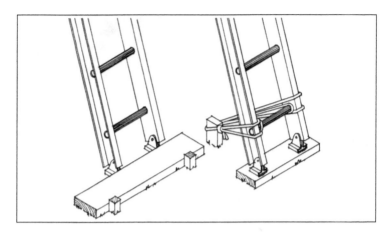

**Figure 4. Securing a ladder.** *This illustration shows two ways to secure the base of a ladder to ensure proper footing.*

☑ If you can't tie the ladder off, ensure it is on a stable and level surface so it cannot be knocked over and the bottom of it cannot be kicked out (fig. 4).

☑ Extend ladders at least 3 ft. (0.9 m) above the landing to provide a handhold or for balance when getting on and off the ladder from other surfaces (fig. 5).

☑ When climbing a ladder, always face it and maintain 3 points of contact with it (fig. 6).

 **Safety Tip:** *Do not carry anything (i.e., tools or materials) that may cause you to lose your balance while ascending or descending a ladder.*

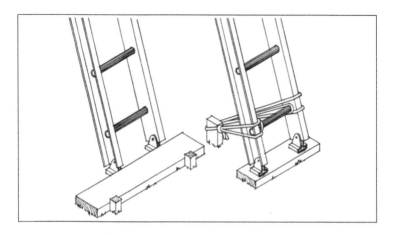

**Imagen 4. Cómo asegurar una escalera.** *Esta ilustración muestra dos formas de asegurar la base de una escalera para garantizar que sea una base firme.*

☑ Cuando no pueda amarrar la escalera, asegúrese de que la escalera esté en una superficie estable y nivelada, para que no pueda volcarse o que la parte inferior de la misma sea expulsada (imagen 4).

☑ Extienda las escaleras al menos 3 pies (0.9 m) sobre el rellano, para proporcionar un asidero o equilibrio al subir y bajar de la escalera desde otras superficies (imagen 5).

☑ Al subir una escalera, hágalo siempre de frente y mantenga 3 puntos de contacto con ella (imagen 6).

- - - - - - - - - - - - - - - - - - - - - - - - - - - - - - -

 **Recomendación de Seguridad:** *No cargue objetos (por ejemplo, herramientas o materiales) que puedan hacer que pierda el equilibrio al subir o bajar una escalera.*

- - - - - - - - - - - - - - - - - - - - - - - - - - - - - - -

**Figure 5. Proper use of a ladder to access an upper level.** *When ladders are used to access an upper level, they must extend at least 3 ft. (0.9 m) above the landing surface.*

☑ Do not set up ladders near passageways or high-traffic areas where they could be knocked over.

☑ Use ladders only for their intended purpose and not as platforms, runways, or scaffold planks.

**Imagen 5. Uso adecuado de una escalera para acceder a un nivel superior.** *Cuando se utilizan escaleras para acceder a un nivel superior, deben extenderse al menos 3 pies. (0.9 m) sobre la superficie de descanso.*

☑ No instale escaleras cerca de pasillos o áreas de alto tránsito donde puedan volcarse.

☑ Use las escaleras solo para su propósito previsto y no como plataformas, pistas o tablones de andamios.

**Figure 6. Proper angle for ladder and three points of contact.** *The worker is climbing a ladder set at the proper angle (4:1) with a three-point contact grip (two hands and one foot).*

# Scaffolds and Other Work Platforms

## GENERAL

☑ Train workers on the hazards of scaffolds before erecting, using, modifying,moving, or dismantling them.

**Imagen 6. Ángulo adecuado para escalera y tres puntos de contacto.** *El trabajador sube la escalera en el ángulo apropiado (4:1) con un agarre de tres puntos de contacto (dos manos y un pie).*

# Andamios y otras plataformas de trabajo

## GENERAL

☑ Capacite a los trabajadores sobre los peligros de los andamios antes de armarlos, usarlos, modificarlos, moverlos o desmantelarlos.

☑ Provide safe access (e.g., ladders or stairs) to get on and off of scaffolds and work platforms. (see Stairways and Ladders, p. 26).

☑ Keep scaffolds and work platforms free of debris. Keep tools and materials as neat as possible on scaffolds and platforms. These practices will help prevent materials from falling and workers from tripping.

☑ Erect scaffolds on firm, drained and level foundations (figs. 7a and 7b).

☑ Finished floors will normally support the load for a scaffold or work platform and provide a stable base.

☑ Use screw jacks and base plates to level or stabilize the scaffold.

☑ Use mudsills to prevent the scaffold from sinking. Don't use blocks, bricks, or scraps to stabilize the scaffold base.

☑ Place scaffold legs on firm footing and secure from movement or tipping, especially on dirt or similar surfaces (figs. 7a and 7b).

☑ Erect and dismantle scaffolds only under the supervision of a competent person.

 **Safety Tip:** *Makeshift scaffolds will rarely be acceptable on the jobsite.*

☑ Proporcione un acceso seguro (por ejemplo, escaleras portátiles o escalones) para subir y bajar de los andamios y las plataformas de trabajo. (Consulte la sección Escaleras y Escaleras Portátiles, p. 27).

☑ Mantenga los andamios y las plataformas de trabajo libres de desechos.Mantenga lo más ordenado posible las herramientas y los materiales que coloca sobre los andamios y las plataformas. Estas prácticas ayudarán a evitar que se caigan materiales y se tropiecen los trabajadores.

☑ Arme los andamios sobre cimientos nivelados firmes y drenados (imagens 7a and 7b).

☑ Los pisos terminados, generalmente, soportarán la carga del andamio o la plataforma de trabajo, y proporcionarán una base estable.

☑ Utilice gatos de husillo y placas de soporte para nivelar o estabilizar el andamio.

☑ Utilice durmientes para evitar la caída del andamio. No utilice bloques, ladrillos ni escombros para estabilizar la base del andamio.

☑ Coloque las patas del andamio sobre una base firme y asegúrela para evitar que se mueva o se vuelque, especialmente, si se encuentran sobre tierra o superficies similares (imagens 7a y 7b).

☑ Arme y desarme el andamio sólo bajo la supervisión de una persona competente.

- - - - - - - - - - - - - - - - - - - - - - - - - - - - - - - -

 **Consejo de Seguridad:** *es muy poco probable que se acepte el uso de andamios improvisados en la obra.*

- - - - - - - - - - - - - - - - - - - - - - - - - - - - - - - -

**Figures 7a and 7b. Stable scaffold footings and mud sills for scaffolds.**
*Firm, level footings and mud sills for these scaffolds ensure stability of the work platform.*

☑ Each scaffold must be capable of supporting its own weight and 4 times the maximum intended load.

☑ A competent person must inspect scaffolds before each use.

☑ Follow the checklist in figure 8.

**Imágenes 7a y 7b. Bases y durmientes estables para los andamios.**
*Las bases y durmientes nivelados y firmes de estos andamios garantizan la estabilidad de la plataforma de trabajo.*

☑ Cada andamio debe poder soportar su propio peso y 4 veces la carga máxima prevista.

☑ Antes de cada uso, una persona competente debe inspeccionar los andamios.

☑ Siga la lista de comprobación de la imagen 8.

**DO NOT** use damaged parts that affect the strength of the scaffold.

**DO NOT** allow employees to work on scaffolds when they are feeling weak, sick, or dizzy.

**DO NOT** work from any part of the scaffold other than the platform.

**DO NOT** alter the scaffold.

**DO NOT** move a scaffold horizontally while workers are on it unless it is a mobile scaffold and the proper procedures are followed.

**DO NOT** allow employees to work on scaffolds covered with snow, ice, or other slippery materials.

**DO NOT** erect, use, alter, or move scaffolds within 10 ft. of overhead power lines.

**DO NOT** use shore or lean-to scaffolds.

**DO NOT** swing loads near or on scaffolds unless you use a tag-line.

**DO NOT** work on scaffolds during inclement weather or high winds, unless the competent person determines that it is safe to do so.

**DO NOT** use ladders, boxes, barrels, or other makeshift contraptions to raise your work height.

**DO NOT** let extra materials build up on the platform.

**DO NOT** put more weight on a scaffold than it is designed to hold.

**Figure 8. Scaffold Safety Checklist.** *Use this checklist to conduct inspections.*

**NO** use partes dañadas que afecten la resistencia del andamio.

**NO** permita que los empleados trabajen sobre andamios cuando se sienten débiles, enfermos o mareados.

**NO** trabaje desde otra parte del andamio que no sea la plataforma.

**NO** altere el andamio.

**NO** mueva horizontalmente un andamio cuando haya trabajadores encima de éste, a menos que sea un andamio móvil y se sigan los procedimientos adecuados.

**NO** permita que los empleados trabajen sobre andamios cubiertos de nieve, hielo u otro material resbaloso.

**NO** erija, use, altere o mueva andamios dentro de un radio de 10 pies del tendido eléctrico aéreo.

**NO** use andamios de soporte o reclinados.

**NO** balancee cargas cerca o encima de andamios a no ser que use un cable de maniobra.

**NO** trabaje sobre andamios cuando haya mal tiempo o vientos fuertes, a menos que la persona competente determine que es seguro hacerlo.

**NO** use escaleras, cajas, barriles u otros dispositivos improvisados para elevar su altura de trabajo.

**NO** permita que materiales extras se acumulen en la plataforma.

**NO** coloque más peso en el andamio del que fue diseñado para soportar.

**Imagen 8. Lista de Comprobación de Seguridad de los Andamios.** *Utilice esta lista de comprobación para llevar a cabo las inspecciones.*

## PLANKING

☑ Fully plank a scaffold to provide a full work platform, or use manufactured decking. The platform decking and/or scaffold planks must be scaffold grade and must not have any visible defects.

☑ Use scaffold-grade lumber for planking. Construction-grade wood, which has only ⅔ the capacity of scaffold-grade wood, is not acceptable.

☑ Keep the front edge of the platform within 14 in. (0.35 m) of the face of the work.

☑ Extend planks or decking material at least 6 in. (0.15 m) over the edge or cleat them to prevent movement. The work platform or planks must not extend more than 12 in. (0.30 m) beyond the end supports to prevent tipping when workers are stepping or working.

☑ Be sure that manufactured scaffold planks are the proper size and that the end hooks are attached to the scaffold frame.

## ESTRUCTURA DE TABLONES

☑ Coloque tablones sobre todo el andamio para conformar una plataforma de trabajo completa o utilice una cubierta armada. Los tablones del andamio o la cubierta de la plataforma deben ser del tipo apto para andamios y no deben presentar defectos visibles.

☑ Utilice madera del tipo apto para andamios para armar la estructura de tablones. No se permite utilizar maderas del tipo apto para la construcción, dado que tienen sólo $\frac{2}{3}$ de la capacidad de la madera del tipo apto para andamios.

☑ Mantenga el borde frontal de la plataforma dentro de las 14 pulgadas (0.35 m) de la superficie de trabajo.

☑ Coloque los tablones o el material de cubierta, al menos, 6 pulgadas (0.15 m) por encima de los bordes o sujételos con listones para evitar que se muevan. Los tablones o las plataformas de trabajo no deben extenderse más de 12 pulgadas (0.30 m) por sobre los soportes de los extremos para evitar que se vuelquen cuando los trabajadores suben a ellos o trabajan sobre ellos.

☑ Asegúrese de que los tablones del andamio armados tengan el tamaño adecuado y que los ganchos de los extremos estén sujetos al marco del andamio.

## SCAFFOLD GUARDRAILS

☑ Guard scaffold platforms that are more than 10 ft. (3 m) above the ground or floor surface with a standard guardrail. If guardrails are not practical, use other fall-protection devices, such as a PERSONAL FALL ARREST or netting (fig. 9).

**Figure 9. Safe fabricated frame scaffold access.** *Built-in stairs are used to access this fabricated frame scaffold; ladders can also be used to access the top of the scaffold. Guardrails, cross bracing, and complete planking are used to prevent falls. Workers must also wear hard hats when working on or around scaffolds.*

## BARANDAS DE ANDAMIOS

☑ Proteja las plataformas de andamios que superan los 10 pies (3 m) de altura por encima del suelo o la superficie del piso con una baranda estándar. Si no tiene barandas, utilice otros dispositivos de protección contra caídas, por ejemplo, un SISTEMA PERSONAL DE DETENCIÓN DE CAÍDAS o una red (imagen 9).

**Imagen 9. Acceso al andamio con un marco armado seguro.** *Los escalones integrados se utilizan para acceder al andamio con marco armado; las escaleras portátiles también se pueden utilizar para acceder a la parte superior del andamio. Las barandas, el reforzamiento transversal y los tablones completos se utilizan para prevenir caídas. Los trabajadores, además, deben usar cascos cuando trabajan sobre los andamios o cerca de estos.*

☑ The top rail must be installed approximately 42 in. (1 m) (+/– 3 in. (0.07 m)) above the work platform or planking, with a midrail about half that high at 21 in. (0.5 m) (+/–3 in. (0.5 m)) as shown in figure 10.

☑ Install toe boards if other workers will be below the scaffold, to prevent materials from falling.

**Figure 10. Properly erected pump-jack scaffold.** *This pump-jack scaffold was erected properly with guardrails and roof connectors. Because of the pump jack's limited strength, manufacturers typically recommend allowing only two workers, or up to 500 lb. (227 kg), on the scaffold.*

☑ La baranda superior se debe instalar, aproximadamente, a 42 pulgadas (1 m) (+/– 3 pulgadas (0.07 m)) por encima de la plataforma de trabajo o la estructura de tablones, con un larguero intermedio a, aproximadamente, la mitad de altura, que equivale a 21 pulgadas (0.5 m) (+/– 3 pulgadas (0.07 m)), según se muestra en la imagen 10.

☑ Instale rodapiés si habrá otros trabajadores debajo del andamio, a fin de evitar la caída de materiales.

**Imagen 10. Andamio de palometa de gato armado correctamente.** *Este andamio de palometa de gato se armó como corresponde, con barandas y conectores de techos. Debido a la resistencia limitada de la palometa de gato, los fabricantes generalmente recomiendan que sólo dos trabajadores (o 500 lb (227 kg) como máximo) suban al andamio.*

# Fall Protection

## GENERAL REQUIREMENTS

☑ Workers exposed to a fall hazard 6 ft. (1.8 m) or more above lower levels must be protected by conventional fall protection (i.e., guardrail systems, safety net systems, or personal fall arrest systems).

*Safety Tip: Double-locking snap hooks are needed to connect to anchor points and the harness. Do not tie knots to anchor points.*

☑ If ladders, scaffolds, or aerial lifts cannot be used, and it can be demonstrated that it is not feasible or would create a greater hazard to use conventional fall protection equipment when working at heights of 6 ft. (1.8 m) or greater, a written site-specific fall-protection plan must be developed.

☑ The plan must be developed by a qualified person and implemented under the supervision of a competent person.

☑ Workers must be trained to recognize fall hazards and the safe work practices to follow to minimize the risk of falling (fig. 11).

# Protección contra caídas

### REQUISITOS GENERALES

☑ Los trabajadores expuestos a un peligro de caída de 6 pies (1.8 m) o más sobre niveles más bajos deberán contar con protección convencional contra caídas (es decir, sistemas de barandillas, sistemas de redes de seguridad o sistemas personales de detención contra caídas (PFAS, por sus siglas en inglés).

---

 *Recomendación de Seguridad: Se necesitan ganchos de seguridad de doble bloqueo para conectar los puntos de anclaje y el arnés. No ate con nudos a los puntos de anclaje.*

---

☑ Si no se pueden usar escaleras, andamios o elevadores aéreos y se puede demostrar que no es factible o que crearía un mayor peligro para usar equipos convencionales de protección contra caídas cuando se trabaja a alturas de 6 pies (1.8 m) o más, se debe desarrollar un plan escrito de protección contra caídas, específico del lugar de trabajo.

☑ El plan debe ser elaborado por una persona calificada e implementado bajo la supervisión de una persona competente.

☑ Los trabajadores deben estar capacitados para reconocer los riesgos de caídas y las prácticas seguras de trabajo a seguir para minimizar el riesgo de caídas (imagen 11).

**Figure 11. A worker installing a roof truss.** *This worker is using a recognized safe work practice by standing on a ladder to secure the end of the roof truss.*

## FLOOR, WALL, AND WINDOW OPENINGS

☑ Install guardrails around openings in floors and across openings in walls and windows when the fall distance is 6 ft. (1.8 m) or more. Be sure the top rails can withstand a 200 lb. (90 kg) load (figs. 12 and 13).

**Imagen 11. Trabajador que instala una armadura de techo.** *Este trabajador está utilizando una práctica de trabajo segura reconocida, al pararse en una escalera para asegurar el extremo de la armadura del techo.*

## PISO, PAREDES Y ABERTURAS DE VENTANAS

☑ Instale barandas protectoras alrededor de las aberturas en los pisos y en las aberturas de las paredes y ventanas cuando la distancia de caída sea de 6 pies (1.8 m) o más. Asegúrese de que los rieles superiores puedan soportar una carga de 200 lb (90 kg) (imágenes 12 y 13).

**Figure 12. Window with guardrail.** *This window opening has a guardrail because the bottom sill height is less than 39 in. (1 m). Because the distance between the studs is less than 18 in. (0.45 m), no guardrails are needed between the studs.*

☑ Install guardrails on low-silled windows (bottom sill less than 39 in. (1 m) from the floor).

☑ Construct guardrails with the top rail approximately 42 in. (1 m) high and the midrail about half as high, or 21 in. (0.5 m) (fig. 14).

☑ Install toe boards around floor openings when other workers will be below the work area.

☑ Cover floor openings larger than 2 × 2 in (0.05 m). with a secured and clearly marked hole cover that safely supports twice the working load.

**Imagen 12. Ventana con barandilla.** *Esta abertura de la ventana tiene una barandilla porque la altura del umbral inferior es menor a 39 pulgadas (1 m). Debido a que la distancia entre los postes es inferior a 18 pulgadas (0.45 m), no se necesitan barandas entre los postes.*

☑ Instale barandas en las ventanas de bajo nivel (umbral inferior de menos de 39 pulgadas (1 m del piso).

☑ Construya barandas con el riel superior de aproximadamente 42 pulgadas (1 m) de altura y el carril medio aproximadamente a la mitad de la altura, o 21 pulgadas (0.5 m) (Imagen 14).

☑ Instale rodapiés alrededor de las aberturas del piso cuando otros trabajadores se encuentren debajo del área de trabajo.

☑ Cubra las aberturas del piso de más de 2 × 2 pulgadas (0.05 m). con una tapa de orificio asegurada y claramente marcada que soporte con seguridad el doble de la carga de trabajo.

**Figure 13. Guard rail around floor opening.** *This photograph shows a proper guardrail around a floor opening.*

## ROOFING WORK

- ☑ Inspect for and remove frost and other slipping hazards before getting onto roof surfaces.
- ☑ Cover and secure all skylights and openings or install guardrails to keep workers from falling through openings.

**Imagen 13. Barandilla alrededor de la abertura del piso.** *Esta fotografía muestra una barandilla adecuada alrededor de una abertura del piso.*

## TRABAJOS EN TECHOS

☑ Inspeccione y elimine restos de helada y otros peligros de resbalones antes de alcanzar las superficies del techo.

☑ Cubra y asegure todos los tragaluces y aberturas o instale barandas, para evitar que los trabajadores caigan a través de las aberturas.

**Figure 14. Guardrails and midrails.** *This drawing shows the correct height for guardrails and midrails—about 42 in. (1 m) and 21 in. (0.5 m) high, respectively. When using stilts or ladders near openings, add a second top rail to increase the height of the top edge of the top rail to protect workers from falls.*

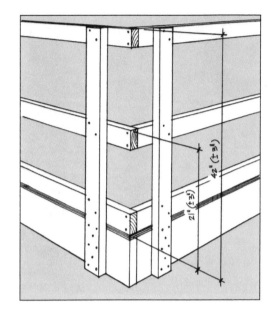

☑ Use a personal fall arrest system with a solid anchor point when installing shingles and other roofing material (figs. 15 and 16).

☑ Read all manufacturers' instructions and warnings before using a personal fall arrest system.

☑ Install anchors at a secure place on the roof according to the manufacturer's requirements. Anchor points used for fall arrest must be capable of supporting 5,000 lb. (2,273 kg.), or twice the intended load per worker.

**Imagen 14. Barandas y barandales intermedios.** *Este dibujo muestra la altura correcta para barandas y barandales intermedios, aproximadamente 42 pulgadas (1 m) y 21 pulgadas (0.5 m) de altura, respectivamente. Cuando use pilotes o escaleras cerca de las aberturas, agregue un segundo riel superior para aumentar la altura del borde del riel superior y proteger así a los trabajadores de caídas.*

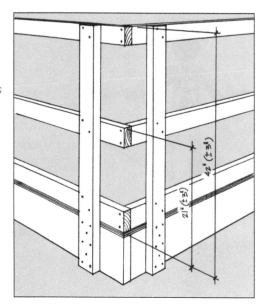

☑ Use un sistema personal de detención de caídas con un punto de anclaje sólido cuando instale tejas y otro material de cubierta (imágenes 15 y 16).

☑ Lea todas las instrucciones del fabricante y las advertencias antes de utilizar el sistema personal de detención de caídas.

☑ Instale anclajes en lugares seguros del techo según los requisitos del fabricante. Los puntos de anclaje utilizados para la detención de caídas deben poder soportar 5,000 lb (2,273 kg.), o el doble de la carga prevista por trabajador.

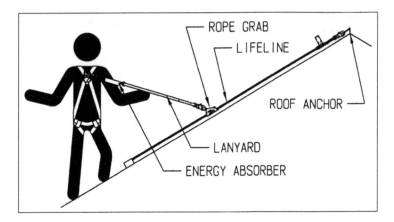

**Figure 15. Components of a personal fall arrest system.** *This personal fall arrest system includes a roof anchor point, lifeline, rope grab, shockabsorbing lanyard, and a full-body harness. (Photo courtesy of DBI-SALA & Proteca)*

☑ Stop roofing operations when storms, high winds, or other adverse conditions create unsafe conditions.

☑ Remove or properly guard any impalement hazards.

☑ Wear shoes with slip-resistant soles.

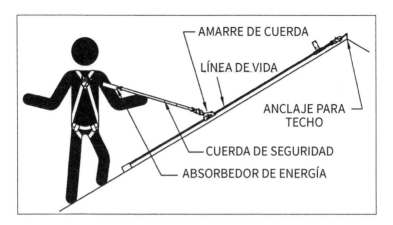

AMARRE DE CUERDA

LÍNEA DE VIDA

ANCLAJE PARA TECHO

CUERDA DE SEGURIDAD

ABSORBEDOR DE ENERGÍA

**Imagen 15. Componentes de un sistema personal de detención de caídas.** *Este sistema personal de detención de caídas incluye un punto de anclaje para techo, línea de vida, amarre de cuerda, cordón de amortiguación y un arnés de cuerpo completo. (Foto cortesía de DBI-SALA & Proteca)*

☑ Detenga las operaciones de techado cuando tormentas, vientos fuertes u otras condiciones adversas creen condiciones inseguras.

☑ Elimine o proteja adecuadamente cualquier peligro de empalamiento.

☑ Use zapatos con suelas antideslizantes.

**Figure 16. A worker wearing a personal fall arrest system.** *This worker has attached an anchor point into a fully sheathed roof. Nailing or screwing it into the truss or rafter through the sheathing is usually an acceptable anchorage. Follow the fall protection manufacturer's instructions for safe use of the personal fall arrest system.*

**Imagen 16. Trabajador con un sistema personal de detención de caídas.** *Este trabajador ha colocado un punto de anclaje en un techo completamente revestido. Clavarlo o atornillarlo en la armadura o la viga a través del revestimiento suele ser un anclaje aceptable. Siga las instrucciones del fabricante de protección contra caídas para el uso seguro del sistema personal de detención de caídas.*

# Excavations and Trenching

## GENERAL

☑ For excavations and utility trenches more than 5 ft. (1.5 m) deep, use shoring, shields (trench boxes), benching, or slope back the sides to prevent soil cave-ins. Unless a soil analysis has been completed, the earth's slope must be at least 1½ ft. (0.45 m) horizontal to 1 ft. (0.30 m) vertical, or 34 degrees (fig. 17).

**Figure 17. A trench box.** *This trench box is being used correctly. A ladder has been provided so workers can safely enter and exit the trench.*

# Excavación y zanjado

## GENERAL

☑ Para excavaciones y zanjas de servicios públicos de más de 5 pies. (1.5 m) de profundidad, use apuntalamiento, escudos (cajones de zanjas), bancos, o planos inclinados hacia los lados para evitar derrumbes de suelo. A menos que se haya completado un análisis de suelo, la pendiente de la tierra debe ser de al menos 1½ pies (0.45 m) horizontal a 1 pie (0.30 m) vertical, o 34 grados (imagen 17).

**Imagen 17. Un cajón de zanjas.** *Este armazón de zanja está utilizado correctamente. Se ha provisto una escalera para que los trabajadores puedan entrar y salir de la zanja de manera segura.*

☑ Find the location of all underground utilities by contacting the local utility locating service or call 811, the nationwide "Call Before You Dig" number.

☑ Keep workers away from digging equipment and never allow them in an excavation when equipment is in use.

☑ Don't allow workers between equipment in use and other obstacles or machinery that can cause crushing hazards.

☑ Keep equipment and the excavated dirt (spoils pile) back 2 ft. (0.7 m) from the edge of the excavation (fig. 18).

**Figure 18. An excavation with slope and spoil pile.** *The dotted line indicates the profile for this excavation, which is sloped at 1½:1. Usually, residential excavations are in Type C soil and will require a slope of 34 degrees.*

☑ Encuentre la ubicación de todos los servicios públicos subterráneos comunicándose con el servicio local de localización de servicios públicos o llame al 811, el servicio "Call Before You Dig" ["Llame antes de excavar"] en todo el país .

☑ Mantenga a los trabajadores alejados del equipo de excavación y nunca permita que permanezcan en la excavación cuando hay equipos en funcionamiento.

☑ No permita que los trabajadores se ubiquen entre el equipo en uso y otros obstáculos o maquinaria que puedan causar riesgos de aplastamiento.

☑ Mantenga el equipo y la tierra excavada (pila de desechos) alejada 2 pies (0.7 m) desde el borde de la excavación (imagen 18).

**Imagen 18. Una excavación con pendiente y pila de deshechos.**
*La línea punteada indica el perfil de esta excavación, que tiene una pendiente de 11/2:1. Por lo general, las excavaciones residenciales son en suelo tipo C y requerirán una pendiente de 34 grados.*

☑ Have a competent person inspect trenches and excavations daily and correct hazards before workers enter a trench or excavation.

☑ Provide entrances to and exits from a trench or excavation such as ladders or ramps. Exits must be within 25 ft. (7.5 m) of the worker.

☑ Keep water out of trenches with a pump or drainage system and inspect the area for soil movement and potential for cave-ins.

☑ Keep drivers in the cab and workers away from dump trucks when dirt and other debris are being loaded into them. Don't allow workers under any load and train them to stay clear of the backs of vehicles.

## FOUNDATIONS

After foundation walls are constructed, take special precautions to prevent injury from cave-ins between the excavation wall and the foundation wall (fig. 19):

☑ The depth of the foundation/basement trench cannot exceed 7½ ft. (2.3 m) unless there is cave-in protection, such as benching and/or sloping of the soil.

☑ Keep the foundation trench at least 2 ft. (0.6 m) wide horizontally.

☑ Llame a una persona competente para que inspeccione las zanjas y excavaciones diariamente, y corrija los riesgos antes de que los trabajadores entren en la zanja o excavación.

☑ Proporcione entradas y salidas desde una zanja o excavación, como escaleras o rampas. Las salidas deben estar a una distancia de 25 pies (7.5 m) de los trabajadores.

☑ Mantenga el agua fuera de las zanjas con una bomba o sistema de drenaje, e inspeccione el área en busca de movimientos de suelo y posibles derrumbes.

☑ Mantenga a los conductores en la cabina y a los trabajadores alejados de los camiones volquete cuando se carguen escombros y otros desechos. No permita que los trabajadores estén bajo cargas, y capacítelos para que se mantengan alejados de la parte trasera de los vehículos.

## CIMIENTOS

Después de construir los muros de los cimientos, tome precauciones especiales para evitar lesiones por derrumbes entre el muro de excavación y el muro de los cimientos (imagen 19):

☑ La profundidad de la zanja de cimiento no puede exceder los 7½ pies (2.3 m), a menos que haya protección contra derrumbes, como bancos y/o pendientes del suelo.

☑ Mantenga la zanja de cimentación al menos a 2 pies (0.6 m) de ancho horizontalmente.

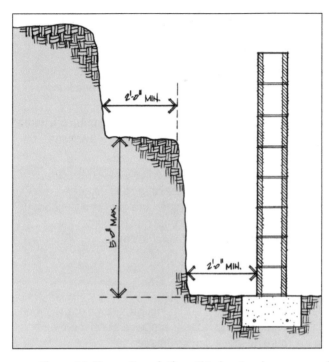

**Figure 19. House Foundation.** *This drawing shows a properly benched trench along a house foundation.*

☑ Make sure no work activity, such as heavy equipment operation, vibrates the soil while workers are in the trench.

☑ Plan the foundation trench work to minimize the number of workers in the trench and the length of time they spend in it.

☑ Inspect the trench regularly for changes in the stability of the earth (water, cracks, vibrations, spoils pile). Stop work if any potential for cave-in develops and fix the problem before resuming work.

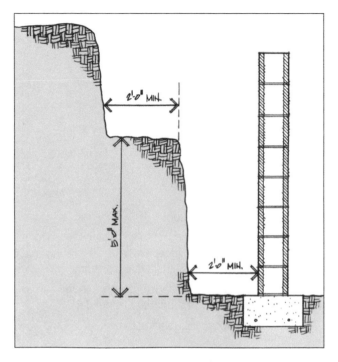

**Imagen 19. Los cimientos de una casa.** *En este gráfico, se muestra una zanja escalonada correctamente en los cimientos de una casa.*

☑ Asegúrese de que ninguna actividad laboral, por ejemplo, trabajos con equipos pesados, haga vibrar el suelo mientras los trabajadores se encuentran en la zanja.

☑ Planifique las tareas a llevar a cabo en la zanja, a fin de reducir la cantidad de trabajadores y el tiempo que pasarán en ella.

☑ Inspeccione la zanja regularmente para observar cambios en la estabilidad de la tierra (agua, grietas, vibraciones, montón de material excavado). Deje de trabajar si se producen derrumbes y solucione el problema antes de retomar la tarea.

# Heat Stress

☑ Take adequate precautions when working in very hot temperatures.

☑ Gradually increase workers' time in hot conditions over approximately 7 to 14 days to adapt or become acclimatized to working in the heat.

☑ Wear lightweight, light colored, loose-fitting clothes.

☑ Drink water often, even if you aren't thirsty, to maintain proper hydration. Drink 1 cup (8 oz.) of water every 15–20 minutes and avoid beverages containing alcohol, caffeine or sugar.

☑ Take frequent rest breaks in the shade or air-conditioned areas to cool down and modify work schedules, as needed.

☑ Train workers about the hazards leading to heat stress and how to prevent them.

☑ Monitor workers who are at risk of heat-related illnesses.

☑ In the event of a heat stress emergency, call a supervisor or 911 for help.

---

 **Safety Tip:** *Provide workers with water, rest, and shade when working in hot weather.*

---

# Estrés por calor

☑ Tome las precauciones adecuadas cuando trabaje con temperaturas muy altas.

☑ Aumente gradualmente el tiempo de los trabajadores en condiciones de calor durante aproximadamente 7 a 14 días, para que se adapten o aclimaten a trabajar en condiciones de calor.

☑ Use ropa ligera, de colores claros y holgada.

☑ Beba agua con frecuencia, incluso si no tiene sed, para mantener una hidratación adecuada. Beba 1 taza (8 oz.) de agua cada 15–20 minutos y evite las bebidas que contengan alcohol , cafeína o azúcar.

☑ Tome descansos frecuentes a la sombra o en áreas con aire acondicionado, para refrescarse y modifique los horarios de trabajo, según sea necesario.

☑ Capacite a los trabajadores sobre los peligros que provocan el estrés por calor y cómo prevenirlos.

☑ Monitoree a los trabajadores que corren el riesgo de enfermedades relacionadas con el calor.

☑ En caso de una emergencia de estrés por calor, llame a un supervisor o al 911 para obtener ayuda.

 **Recomendación de Seguridad:** *Proporcione a los trabajadores agua, descanso y sombra cuando trabajen en climas calurosos.*

# Cold Stress

- ☑ Modify work schedules so cold jobs are done during the warmer part of the day.
- ☑ Dress properly. Wear layers of loose-fitting clothes, such as insulated jacket, gloves, a hat and insulated waterproof boots.
- ☑ Protect the ears, face, hands and feet in extremely cold weather.
- ☑ Do not touch cold metal surfaces with bare skin.
- ☑ Take rest breaks in warm locations and limit the amount of time outside on extremely cold days.
- ☑ Drink water or warm, sweetened fluids and do not consume caffeine or alcohol.
- ☑ Train workers on cold stress hazards and prevention measures.
- ☑ Monitor workers who are at risk of cold stress.
- ☑ Call 911 immediately in an emergency; otherwise seek medical assistance as soon as possible.

---

 **Safety Tip:** *Stay dry in the cold because moisture or dampness, e.g. from sweating, can increase the rate of heat loss from the body.*

---

# Estrés por Frio

☑ Modifique los horarios de trabajo para que los trabajos en frío se realicen durante el tramo más cálido del día.

☑ Vístase apropiadamente. Use capas de ropa holgada, como chaqueta con aislamiento, guantes, un sombrero y botas impermeables con aislamiento.

☑ Use protección para las orejas, la cara, las manos y los pies en climas extremadamente fríos.

☑ No toque las superficies metálicas frías con la piel desnuda.

☑ Tome descansos en lugares cálidos y limite la cantidad de tiempo al aire libre en días extremadamente fríos.

☑ Beba agua o líquidos tibios y endulzados y no consuma cafeína ni alcohol.

☑ Capacite a los trabajadores sobre los riesgos de estrés por frío y las medidas de prevención.

☑ Monitoree a los trabajadores que corren el riesgo de estrés por frío.

☑ Llame al 911 inmediatamente en caso de emergencia; de lo contrario, busque asistencia médica lo antes posible.

---

 **Recomendación de Seguridad:** *Manténgase seco en el frío, porque la humedad o la condensación, por ejemplo, por el sudor, pueden aumentar la tasa de pérdida de calor corporal.*

---

# Confined Space

☑ Have a competent person identify confined spaces (e.g., manholes, utility vaults, tanks, sewers, pits, silos, pipes, attics and crawl spaces) on the jobsite and implement steps to prevent entry into confined spaces or protect workers from hazards prior to entry (fig. 20).

☑ Develop a written program when entering confined spaces that could contain hazardous atmospheres or any other recognized serious safety and health hazards ("permit-required confined spaces").

☑ Plan permit-required confined space entries in advance and involve all workers who will be working in or around them.

☑ Do not enter permit-required confined spaces without being trained and without having a written permit to limit entry access.

☑ Before and during entry, test and monitor for oxygen levels, flammable and toxic substances and explosive hazards, as necessary.

☑ Determine which personal protective equipment is needed.

☑ Train workers to identify confined spaces, recognize entry hazards and the necessary precautions to avoid these hazards.

# Espacios Confinados

☑ Encargue a una persona competente que identifique los espacios confinados en el lugar de trabajo (por ejemplo, pozos de registro, bóvedas de servicios públicos, tanques, alcantarillas, pozos, silos, tuberías, áticos y pasos de arrastre), e implemente pasos para evitar la entrada a espacios confinados o proteger a los trabajadores de los peligros antes de entrar a esos espacios (imagen 20.)

☑ Desarrolle un programa escrito cuando ingrese a espacios confinados que podrían contener atmósferas peligrosas o cualquier otro peligro grave de seguridad y salud reconocido ("espacios confinados que requieren autorización").

☑ Planifique con anticipación las entradas a espacios confinados que requieren autorización, e involucre a todos los trabajadores que trabajarán en ellos o en sus alrededores.

☑ No ingrese a espacios confinados que requieren autorización sin estar capacitado y sin tener una autorización escrita para limitar el acceso a la entrada.

☑ Antes y durante la entrada, pruebe y controle los niveles de oxígeno, sustancias inflamables y tóxicas y riesgos de explosión, según sea necesario.

☑ Determine qué equipo de protección personal se necesita.

☑ Capacite a los trabajadores para identificar los espacios confinados, reconocer los peligros de entrada y las precauciones necesarias para evitar estos peligros.

☑ Develop a rescue plan that ensures workers can be retrieved from a permit-required confined space.

☑ Have adequate communication to summons rescue or emergency responders, if needed.

 **Safety Tip:** *Calling 911 is NOT a rescue plan. If entry rescue is required, would be rescuers must be available during the entry operations and must be familiar with the hazards of the confined space.*

**Figure 20. Permit-Required Confined Space.** *Always maintain contact with the worker entering a permit-required confined space either visually or by phone or two-way radio. Monitoring allows the attendant to order an evacuation of the space and alert rescue personnel to rescue entry workers, when needed.*

☑ Desarrolle un plan de rescate que garantice que los trabajadores puedan ser rescatados de un espacio confinado que requiere autorización.

☑ Tenga una comunicación adecuada para convocar rescatistas o socorristas de emergencia, si es necesario.

**Recomendación de Seguridad:** *Llamar al 911 NO es un plan de rescate. Si se requiere el rescate de entrada, los rescatistas deben estar disponibles durante las operaciones de entrada y deben estar familiarizados con los peligros del espacio confinado.*

**Imagen 20. Espacios confinados que requieren autorización**
*Siempre mantenga contacto con el trabajador que ingresa a un espacio confinado que requiere autorización, ya sea visualmente o por teléfono o radio bidireccional. El monitoreo permite al asistente ordenar una evacuación del espacio y alertar al personal de rescate para salvar a los trabajadores de la entrada, cuando sea necesario.*

# Silica

☑ Develop a written silica exposure control plan that identifies tasks that involve exposure and methods used to protect workers, including procedures to restrict access to work areas where high exposures may occur.

☑ Designate a competent person to implement the written exposure control plan.

☑ Use dust controls on equipment (saws, drills, grinders, jackhammers), such as water sprays to keep dust from getting into the air or vacuum dust collection systems to capture dust to either comply with OSHA's permissible exposure limit or Table 1 of OSHA's silica standard (fig. 21).

☑ Maintain and operate the equipment's dust-controls based on the manufacturer's instructions.

☑ Operate heavy equipment in enclosed cabs and perform regular cleaning and maintenance to prevent dust from become airborne inside the enclosure.

# Sílice

☑ Desarrolle un plan de control escrito de exposición a la sílice, que identifique las tareas que involucran exposición y los métodos utilizados para proteger a los trabajadores, incluidos los procedimientos para restringir el acceso a las áreas de trabajo donde pueden producirse exposiciones elevadas.

☑ Designe una persona competente para implementar el plan de control.

☑ Use controles de polvo en el equipo (sierras, taladros, amoladoras, martillos neumáticos) como rociadores de agua, para evitar que el polvo invada el aire, o vacíe los sistemas de recolección de polvo para capturar el polvo, con el fin de cumplir con el límite de exposición permisible de OSHA o la Tabla 1 del estándar de sílice de OSHA (imagen 21).

☑ Mantenga y opere los controles de polvo del equipo según las instrucciones del fabricante.

☑ Opere equipos pesados en cabinas cerradas y realice limpiezas y mantenimientos periódicos para evitar que el polvo se acumule en el aire adentro de la cabina.

☑ Use a respirator with an assigned protection factor (APF) of at least 10, such as a NIOSH-certified N95 half mask/dust mask, if a respirator is required. If following Table 1 of OSHA's silica standard, consult the required respiratory protection set forth in that Table. Do not wear a tight-fitting respirator with a beard or mustache.

☑ Restrict housekeeping practices that expose workers to silica, such as using compressed air or dry sweeping.

☑ Train workers on the health effects of silica exposure, workplace tasks that can expose them to silica and ways to limit exposure.

**Figure 21. Handheld Power Saw.** *Applying water to a saw blade when cutting materials that contain silica — such as stone, rock, concrete, brick, and block — substantially reduces the amount of dust created during these operations.*

☑ Use un respirador con un factor de protección asignado (APF) mínimo de 10, como una media máscara/máscara de polvo N95 certificada por NIOSH, si se requiere un respirador. Si sigue la Tabla 1 del estándar de sílice de OSHA, consulte la protección respiratoria requerida establecida en esa Tabla. No use un respirador ajustado si tiene barba o bigote.

☑ Restrinja las prácticas de limpieza que exponen a los trabajadores a la sílice, como el uso de aire comprimido o barrido en seco.

☑ Capacite a los trabajadores sobre los efectos en la salud de la exposición a la sílice, las tareas en el lugar de trabajo que pueden exponerlos a la sílice y las formas de limitar la exposición.

**Imagen 21. Sierra de mano portátil.** *La aplicación de agua a una hoja de sierra al cortar materiales que contienen sílice, como piedra, roca, hormigón, ladrillo y bloques, reduce sustancialmente la cantidad de polvo creado durante estas operaciones.*

# Hazardous Materials and Hazard Communication (HAZCOM)

- ☑ Develop a written hazard communication program that details how workers will be protected from hazardous materials exposure.
- ☑ Use engineering controls and safe work practices to minimize worker exposure to hazardous materials and chemicals.
- ☑ Follow manufacturer's instructions for handling, use and storage of hazardous chemicals.
- ☑ Keep flammables and combustibles away from heat.
- ☑ Properly store and dispose of chemicals per manufacturer's instructions.
- ☑ Ensure containers are properly labeled (fig 22).
- ☑ Ensure safety data sheets (SDS) are maintained and readily available for all hazardous materials (caulks, paints, cleaners, adhesives, glues, sealants, lead paint, etc.) used on the jobsite.
- ☑ Wear proper personal protective equipment according to SDS recommendations, including gloves, eye and face protection, protective clothing (e.g., coveralls, fire retardant clothing) and respirators, as needed.

# Materiales peligrosos y comunicación de riesgos (HAZCOM)

☑ Desarrolle un programa de comunicación de riesgos por escrito que detalle la forma en que los trabajadores estarán protegidos de la exposición a materiales peligrosos.

☑ Use controles de ingeniería y prácticas de trabajo seguras para minimizar la exposición de los trabajadores a materiales y productos químicos peligrosos.

☑ Siga las instrucciones del fabricante para la manipulación, uso y almacenamiento de los materiales peligrosos.

☑ Mantenga los materiales inflamables y los combustibles alejados del calor.

☑ Almacene y deseche adecuadamente los productos químicos según las indicaciones del fabricante.

☑ Asegúrese de que los contenedores estén debidamente etiquetados. (imagen 22).

☑ Asegúrese de conservar y tener disponibles las hojas de datos de seguridad (SDS) para todos los materiales peligrosos (masillas, pinturas, limpiadores, adhesivos, pegamentos, selladores, pintura con plomo, etc.) utilizados en el lugar de trabajo.

☑ Use el equipo de protección personal (EPP) adecuado conforme las recomendaciones de las SDS, incluidos guantes, protección para los ojos y la cara, ropa de protección, como overoles y prendas ignífugas, y respiradores, según sea necesario.

☑ Wash your hands each time you take a break and before you go home.

☑ Leave the work area clean at the end of every day and thoroughly cleaned at the end of the job.

☑ Train workers on the hazards associated with the chemicals being used.

**Figure 22. Hazard Communication Standard Pictogram.** *Understanding the pictograms is important to avoid mishandling hazardous chemicals Pictograms found on labels of hazardous chemicals, such as paints, cleaners and adhesives, alert workers to chemical hazards which they may be exposed.*

☑ Lávese las manos cada vez que tome un descanso y antes de irse a su casa.

☑ Deje el área de trabajo limpia al final de cada día y limpie a fondo al terminar el trabajo.

☑ Capacite a los trabajadores sobre los peligros asociados con los productos químicos que se utilizan.

| Peligro para la salud | Llama | Signo de exclamación |
|---|---|---|
| • Carcinógeno<br>• Mutagenicidad<br>• Toxicidad para la reproducción<br>• Sensibilización respiratoria<br>• Toxicidad específica de órganos diana<br>• Peligro por aspiración | • Inflamables<br>• Pirofóricos<br>• Calentamiento espontáneo<br>• Desprenden gases inflamables<br>• Reaccionan espontáneamente (autorreactivas)<br>• Peróxidos orgánicos | • Irritante (piel y ojos)<br>• Sensibilizador cutáneo<br>• Toxicidad aguda (dañino)<br>• Efecto narcótico<br>• Irritante de vías respiratorias<br>• Peligros para la capa de ozono (no obligatorio) |
| Botella de gas | Corrosión | Bomba explotando |
| • Gases a presión | • Corrosión o quemaduras cutáneas<br>• Lesion ocular<br>• Corrosivo para los metales | • Explosivos<br>• Reaccionan espontáneamente (autorreactivas)<br>• Peróxidos orgánicos |
| Llama sobre círculo | Medio ambiente<br>(No obligatorio) | Calavera y tibias cruzadas |
| • Comburentes | • Toxicidad acuática | • Toxicidad aguda (mortal o tóxica) |

**Imagen 22. Pictograma estándar de comunicación de riesgos.** *Comprender los pictogramas es importante para evitar el mal manejo de productos químicos peligrosos. Los pictogramas que se encuentran en las etiquetas de productos químicos peligrosos, como pinturas, limpiadores y adhesivos, alertan a los trabajadores sobre los peligros químicos a los que pueden estar expuestos.*

# Tools and Equipment

☑ Wear required personal protective equipment, such as head, eye, hand, and hearing protection, when using tools.

☑ Train workers to use tools and equipment safely.

☑ Maintain all hand tools and equipment in a safe condition and check them regularly for defects. Remove broken or damaged tools and equipment from the jobsite.

☑ Follow manufacturer's requirements for safe use of all tools.

☑ Use double-insulated tools or ensure that tools are grounded.

☑ Equip all power saws (circular, skill, table, etc.) with blade guards.

☑ Make sure guards are in place before using power saws (fig. 23). Don't use power saws with the guard tied or wedged open.

# Herramientas y equipos

☑ Use el equipo de protección personal requerido, como protección para la cabeza, ojos, manos y oídos, cuando use herramientas.

☑ Capacite a los trabajadores para usar herramientas y equipos de manera segura.

☑ Mantenga todas las herramientas y equipos manuales en condiciones seguras y revíselos regularmente para detectar defectos. Retire las herramientas y equipos rotos o dañados del lugar de trabajo.

☑ Siga los requisitos del fabricante para el uso seguro de todas las herramientas.

☑ Use herramientas con doble aislamiento o asegúrese de que las herramientas tengan conexión a tierra.

☑ Equipe todas las sierras eléctricas (circulares, portátiles, de mesa, etc.) con protectores de cuchillas.

☑ Asegúrese de que los protectores estén en su lugar antes de usar las sierras eléctricas (imagen 23). No utilice sierras eléctricas con el protector atado o con cuñas.

**Figure 23. A worker using a saw with moving parts guarded.** *This worker is using a power saw that has all moving parts, including the saw blade, properly guarded.*

☑ Turn off saws and other tools and equipment before leaving them unattended.

☑ Raise or lower tools by their handles, not by their cords.

☑ Don't use wrenches when the jaws are sprung to the point of slippage; replace them.

☑ Don't use impact tools with mushroomed heads; replace them.

☑ Keep wooden handles free of splinters or cracks and be sure the handles stay tight in the tool.

**Imagen 23. Trabajador usando una sierra con partes móviles protegidas.** *Este trabajador está utilizando una sierra eléctrica que tiene todas las partes móviles, incluida la hoja de sierra, debidamente protegida.*

☑ Apague las sierras y otras herramientas y equipos antes de dejarlos sin supervisión.

☑ Levante o baje las herramientas por los mangos, no por los cables.

☑ No use llaves cuando las mordazas están deformadas hasta el punto de deslizamiento; cámbielas.

☑ No use herramientas de impacto con cabezas en forma de hongo; cámbielas.

☑ Mantenga los mangos de madera sin astillas o grietas, y asegúrese de que se mantengan ajustados en la herramienta.

# Vehicles and Mobile Equipment

☑ Train workers to stay clear of backing and turning vehicles and equipment with rotating cabs.

☑ Be sure that all off-road equipment used on-site is equipped with rollover protection.

☑ Maintain backup alarms for equipment with limited rear view or have a spotter guide the vehicles back.

☑ Wear high-visibility safety clothing (vests) when working near vehicles or other moving equipment.

☑ Be sure all vehicles have fully operational braking systems and brake lights.

☑ Use seat belts when transporting workers in motor and construction vehicles.

☑ Maintain at least a 10 ft. (3 m) clearance from overhead power lines when operating equipment.

☑ Insert blocks under the raised bed when inspecting or repairing dump trucks.

# Vehículos y equipos móviles

☑ Capacite a los trabajadores para que se mantengan alejados del retroceso y giro de vehículos y equipos con cabinas giratorias.

☑ Asegúrese de que todo el equipo todoterreno utilizado en el sitio esté equipado con protección antivuelco.

☑ Mantenga alarmas de retroceso para equipos con vista trasera limitada o designe a un observador para que guíe los vehículos en reversa.

☑ Use ropa de seguridad de alta visibilidad (chalecos) cuando trabaje cerca de vehículos u otro equipo en movimiento.

☑ Asegúrese de que todos los vehículos tengan sistemas de frenos y luces de freno totalmente operativos.

☑ Use cinturones de seguridad cuando transporte trabajadores en vehículos de motor y de construcción.

☑ Mantenga al menos 10 pies (3 m) de separación de las líneas eléctricas aéreas al operar el equipo.

☑ Inserte bloques debajo de la tarima elevada cuando inspeccione o repare camiones volquete.

☑ Ensure that heavy equipment operators are competent and qualified to operate the equipment safely (fig 24).

☑ Properly maintain vehicles and mobile equipment, including tires.

☑ Inspect vehicles and mobile equipment daily prior to use to make sure it is in good condition.

 **Safety Tip:** *It is important to train workers to stay out of reach of the vehicles and mobile equipment and not to approach them until they are acknowledged by the operator that it is safe to do so.*

**Figure 24. Front end loader.** *Before use, ensure workers have been trained to operate all mobile equipment, such as front-end loaders and all-terrain forklifts, and that the equipment has appropriate safety devices installed and functioning (e.g., seatbelts, rollover cages, and backup alarms).*

☑ Asegúrese de que los operadores de equipo pesado sean competentes y calificados para operar el equipo de manera segura (imagen 24).

☑ Mantenga adecuadamente los vehículos y equipos móviles , incluidos los neumáticos.

☑ Inspeccione los vehículos y equipos móviles diariamente antes de usarlos, para asegurarse de que estén en buenas condiciones.

---

 **Recomendación de Seguridad:** *Es importante capacitar a los trabajadores para que se mantengan fuera del alcance de los vehículos y equipos móviles y no se acerquen a ellos hasta que el operador reconozca que es seguro hacerlo.*

---

**Imagen 24. Cargadora frontal.** *Antes de comenzar a utilizar equipos, asegúrese de que los trabajadores hayan recibido la capacitación necesaria para operar todos los equipos móviles, tales como cargadoras frontales y montacargas de todo terreno, y que los equipos cuenten con los dispositivos de seguridad adecuados instalados y en funcionamiento (por ejemplo, cinturones de seguridad, jaulas protectoras contra vuelcos y alarmas de retroceso).*

# Crane Safety

☑ Ensure that crane operators are competent, qualified and certified to operate the equipment safely.

☑ Ensure that the load being lifted does not exceed the crane's rated capacity.

☑ Ensure ground conditions are firm, drained and graded to sufficiently support the crane (fig. 25).

☑ Always fully extend crane outriggers.

☑ Use qualified riggers during hoisting activities including hooking, unhooking or guiding loads and while assembling and disassembling the crane.

☑ Ensure Anti Two-Blocking device is in place on the crane and is operational.

☑ Check all rigging prior to use and inspect wire rope, chains and hooks for any damage.

☑ Use a qualified signal person to communicate with the crane operator the load travel path and placement location.

☑ Use a tagline to control materials moved by a crane.

# Seguridad de la grúa

☑ Asegúrese de que los operadores de grúas sean competentes, calificados y certificados para operar el equipo de manera segura.

☑ Cerciórese de que la carga que se eleva no exceda la capacidad nominal de la grúa.

☑ Asegúrese de que las condiciones del terreno sean firmes, se encuentren drenados y nivelados para soportar lo suficiente la grúa (imagen 25).

☑ Siempre extienda totalmente los estabilizadores de la grúa.

☑ Use aparejadores calificados durante las actividades de elevación, como enganchar, desenganchar o guiar cargas y al montar y desmontar la grúa.

☑ Asegúrese de que el dispositivo de antidoble bloqueo esté en su lugar en la grúa y se encuentre en funcionamiento.

☑ Verifique todos los aparejos antes de su uso e inspeccione el cable metálico, las cadenas y los ganchos en busca de daños.

☑ Utilice a una persona calificada que dé señales para comunicar al operador de la grúa la ruta de viaje de la carga y la ubicación de colocación.

☑ Use un cable de cola para controlar los materiales que mueve la grúa.

☑ Never move a suspended load over workers.

☑ Barricade accessible areas within the crane's swing radius.

☑ When operating cranes, maintain a 20 ft. (6 m) minimum clearance between the overhead power lines and any part of the crane, load, or load line, unless additional precautions are taken.

**Figure 25. Crane.** *Ensure cranes are stable by providing ground conditions that are firm, drained and graded. Fully extend crane outriggers, use appropriate outrigger pads or crane mats, and always follow the manufacturers specifications and limitations for crane operations.*

☑ Nunca mueva una carga suspendida sobre los trabajadores.

☑ Forme barricadas en áreas accesibles dentro del radio de giro de la grúa.

☑ Al operar grúas, mantenga un mínimo de 20 pies (6 m) de espacio libre entre las líneas eléctricas aéreas y cualquier parte de la grúa, la carga o la línea de carga, a menos que se tomen precauciones adicionales.

**Imagen 25. Grúa.** *Asegure la estabilidad de las grúas, para eso proporcione condiciones de terreno firmes, drenadas y niveladas. Extienda completamente los estabilizadores de la grúa, use almohadillas de soporte o alfombrillas de grúa adecuadas, y siga siempre las especificaciones y limitaciones del fabricante para las operaciones de la grúa.*

# Forklifts (Powered Industrial Trucks)

☑ Ensure that forklift operators are competent to operate the equipment safely.

☑ Never operate a forklift unless properly trained and evaluated.

☑ Do not allow any worker under 18 years old to operate a forklift.

☑ Inspect the forklift for defects before using.

☑ Ensure the reverse signal alarm is working.

☑ Wear seatbelts when provided.

☑ Always operate the forklift according to the manufacturer's instructions.

☑ Do not handle loads that are heavier than the rated capacity of the forklift and avoid traveling with elevated loads.

☑ Keep forklifts in clean condition (free of excess oil and grease) and maintain them according to the manufacturer's recommendations.

☑ If forklifts are used for lifting personnel, always use an approved cage or basket secured to the forks, ensure the forklift is designed for such use, and provide a personal fall arrest system (PFAS) for workers in the basket.

# Carretillas elevadoras (vehículos industriales motorizados)

☑ Asegúrese de que los operadores de carretillas elevadoras sean competentes para operar el equipo de manera segura.

☑ Nunca opere una carretilla elevadora a menos que esté debidamente capacitado y evaluado.

☑ No permita que ningún trabajador menor de 18 años opere una carretilla elevadora.

☑ Inspeccione la carretilla elevadora en busca de defectos antes de usarla.

☑ Asegúrese de que la alarma de señal de reversa esté en funcionamiento.

☑ Use cinturones de seguridad cuando estén provistos.

☑ Siempre opere la carretilla elevadora de acuerdo con las instrucciones del fabricante.

☑ No maneje cargas que sean más pesadas que la capacidad nominal de la carretilla elevadora y evite desplazarse con cargas elevadas.

☑ Mantenga las carretillas elevadoras en condiciones limpias (sin exceso de aceite y grasa) y de acuerdo con las recomendaciones del fabricante.

☑ Si se usan para elevar personal, utilice siempre una jaula o canasta aprobada asegurada a las horquillas, asegúrese de que la carretilla elevadora esté diseñada para tal uso y proporcione un sistema personal de protección contra caídas (PFAS) a los trabajadores en la canasta.

# Electrical Work

☑ Prohibit work on energized (hot) electrical circuits until all power is shut off (de-energized) and a positive lockout/tagout system is in place.

☑ Don't use frayed or worn electrical cords or cables.

 **Safety Tip:** *Do not use flat cords, job-made Romex extension cords, or household-type extension cords on a construction site.*

☑ Use only 3-wire type extension cords (with ground pins attached) designed for hard or junior hard service. (Look for the following letters imprinted on the casing: S, ST, SO, STO, SJ, SJT, SJO, or SJTO.)

☑ Protect extension cords when they run through windows, doors, or floor holes.

☑ Maintain all electrical tools and equipment in safe condition and check them regularly for defects.

# Trabajo eléctrico

☑ Prohíba el trabajo en circuitos eléctricos energizados (calientes) hasta que se apague toda la energía (se desenergice) y se instale un sistema de bloqueo/etiquetado positivo.

☑ No use cables eléctricos gastados o pelados.

 **Recomendación de Seguridad:** *No utilice cables planos, cables de extensión Romex hechos a medida o cables de extensión de tipo doméstico en un sitio de construcción.*

☑ Utilice solo cables de extensión de 3 cable (con clavijas de conexión a tierra) diseñados para uso pesado y semi pesado. (Busque cualquiera de las siguientes letras impresas en la carcasa: S, ST, SO, STO, SJ, SJT, SJO, SJTO).

☑ Proteja los cables de extensión cuando atraviesen ventanas, puertas o agujeros en el piso.

☑ Mantenga todas las herramientas y equipos eléctricos en condiciones seguras y revíselos regularmente para detectar defectos.

☑ Remove broken, damaged, or defective tools and equipment from the jobsite.

☑ Protect all temporary power (including extension cords plugged into the permanent wiring of the house) with approved groundfault circuit-interrupters (GFCIs). Plug into a GFCI-protected temporary power pole or a GFCI-protected generator, or use a GFCI extension cord to protect against shocks (fig. 26).

**Figure 26. GFCI-protected temporary power source.** *Ground fault circuit interrupters (GFCI) are required to be used to protect workers against electrocution whenever you connect to a temporary source of power, such as a generator, temporary power pole, or even an extension cord plugged into the permanent wiring of the house (shown).*

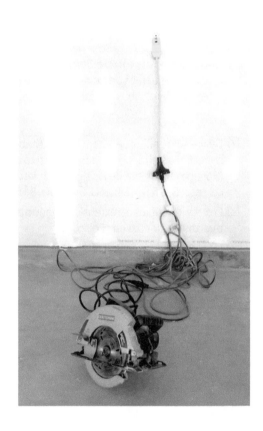

☑ Retire las herramientas y equipos rotos, dañados o defectuosos del lugar de trabajo.

☑ Proteja toda la energía temporal (incluidos los cables de extensión conectados al cableado permanente de la casa) con interruptores de circuito con descarga a tierra (GFCI) aprobados. Conéctelo a un poste de energía temporal protegido por GFCI o a un generador protegido por GFCI, o use un cable de extensión GFCI para protegerse contra descargas (imagen 26).

**Imagen 26. Fuente de energía temporal protegida por GFCI.** *Se requieren interruptores de circuito con descarga a tierra (GFCI) para proteger a los trabajadores de electrocución cada vez que se conecta a una fuente de energía temporal, como un generador, poste de energía temporal o incluso un cable de extensión enchufado al cableado permanente de la casa (según se muestra).*

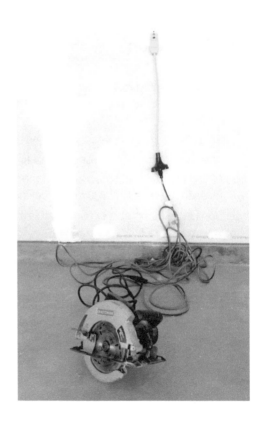

☑ Don't bypass any protective system or device designed to protect employees from making contact with electrical current.

☑ Locate and identify overhead electrical power lines. Ensure that ladders, scaffolds, equipment, and materials are never within 10 ft. (3 m), or 20 ft. (6 m) for cranes, of electrical power lines.

# Fire Prevention

☑ In the event of a fire, alert workers in the area that they must evacuate, exit the house as quickly and safely as possible, and call 911.

☑ Keep fire extinguishers easy to see and reach.

☑ Train workers on how to use portable fire extinguishers.

☑ Provide one fire extinguisher within 100 ft. (30 m) of employees for each 3,000 sq. ft. (2,800 m2 ) of building space (fig. 27).

☑ Don't store flammable or combustible materials in areas used for stairways or exits.

☑ Avoid spraying paint, solvents, or other flammable materials in rooms with poor ventilation. Buildup of fumes and vapors can cause explosions or fires.

☑ Store gasoline and other flammable liquids in a safety can outdoors or in an approved storage facility (fig. 28).

☑ No evite ningún sistema o dispositivo de protección diseñado para proteger a los empleados de hacer contacto con la corriente eléctrica.

☑ Localice e identifique líneas aéreas de energía eléctrica. Asegúrese de que las escaleras, andamios, equipos y materiales nunca estén a menos de 10 pies (3 m) o 20 pies (6 m) en el caso de grúas, de las líneas eléctricas.

# Prevención de incendios

☑ En caso de incendio, alerte a los trabajadores en el área que deben evacuar, salir de la casa lo más rápido y seguro posible y llamar al 911.

☑ Mantenga los extintores de incendios de forma visible y al alcance de la mano.

☑ Capacite a los trabajadores sobre cómo usar los extintores portátiles.

☑ Proporcione un extintor de incendios dentro de los 100 pies (30 m) de los empleados por cada 3,000 pies cuadrados (2.800 m2) de espacio de construcción (imagen 27).

☑ No almacene materiales inflamables o combustibles en áreas utilizadas para escaleras o salidas.

☑ Además, evite rociar pintura y usar solventes u otros materiales inflamables en habitaciones con poca ventilación. La acumulación de humos y vapores puede causar explosiones o incendios.

☑ Almacene la gasolina y otros líquidos inflamables en un recipiente de seguridad al aire libre o en una instalación de almacenamiento aprobada (imagen 28).

## To operate a fire extinguisher

**P**ull pin.

**A**im at base of fire.

**S**queeze handle.

**S**weep side to side.

**Figure 27. The PASS method.** *Employees should be trained to use the PASS method to only extinguish beginning or early stage fires.*

**Para operar el extintor, use el método PASS (por sus siglas en inglés)**

Quite la traba de seguridad (**P**).

Apunte a la base del fuego (**A**).

Oprima la palanca de accionamiento (**S**).

Mueva el extintor de lado a lado (**S**)

**Imagen 27. Método PASS.** *Los empleados deberán estar capacitados para usar el método PASS (por sus siglas en inglés) solo para extinguir incendios en etapas iniciales o tempranas.*

**Figure 28. A proper gasoline container.** *Gasoline and other flammable liquids need to be stored in a safety can.*

☑ Don't store liquid propane (LP) gas tanks inside buildings.

☑ Keep temporary heaters away from walls and other combustible materials and at least 6 ft. (1.8 m) from any LP gas container.

☑ Ensure that leaks or spills of flammable or combustible materials are cleaned up promptly.

☑ Keep a fire extinguisher close by anytime hot work (welding, soldering, cutting, and brazing) is being conducted on the jobsite or when other sources of ignition are present.

**Imagen 28. Contenedor de gasolina adecuado.** *La gasolina y otros líquidos inflamables deben almacenarse en un recipiente de seguridad.*

☑ No almacene tanques de gas propano líquido (LP) dentro de los establecimientos.

☑ Mantenga los calentadores temporales alejados de las paredes y otros materiales combustible, y al menos a 6 pies (1.8 m) de contenedores de gas LP.

☑ Asegúrese de limpiar rápidamente las fugas o derrames de materiales inflamables o combustibles.

☑ Mantenga un extintor de incendios cerca cada vez que se realice trabajo en caliente (soldadura, corte y soldadura fuerte) en el lugar de trabajo o cuando haya otras fuentes de ignición.

# First Aid and Medical Services

☑ Ensure that medical personnel are easily accessible to workers for advice and consultation on matters of occupational health.

☑ Have someone trained in first aid on-site to ensure prompt treatment of injured workers.

☑ Provide an industrial-type first-aid kit that is readily accessible on the jobsite in case of minor injuries. Inspect the kit weekly and replace missing supplies.

☑ Protect first-aid providers from exposure to bloodborne pathogens (diseases) by providing personal protective equipment, such as latex gloves, and ensuring workers use it.

☑ Provide a quick drenching emergency eyewash when working with corrosive materials.

☑ In case of a serious injury or other emergency, call 911 immediately.

# Primeros auxilios y servicios médicos

☑ Asegúrese de que los trabajadores dispongan de fácil acceso al personal médico para asesoramiento y consulta sobre asuntos de salud ocupacional.

☑ Tenga una persona capacitada en primeros auxilios en el sitio, para asegurar un tratamiento rápido de los trabajadores lesionados.

☑ Proporcione un botiquín de primeros auxilios de tipo industrial que sea fácilmente accesible en el lugar de trabajo en caso de lesiones menores. Inspeccione el kit semanalmente y reemplace los suministros faltantes.

☑ Proteja a los proveedores de primeros auxilios de la exposición a patógenos transmitidos por la sangre (enfermedades), suministrando equipo de protección personal, como guantes de látex, y asegúrese de que los trabajadores lo usen.

☑ Proporcione una ducha y lava ojos de emergencia cuando trabaje con materiales corrosivos.

☑ En caso de una lesión grave u otra emergencia, llame al 911 inmediatamente.

# Construction Safety Resources

- ☑ NAHB (http://www.nahb.org/safety)
- ☑ OSHA (http://www.osha.gov)
- ☑ National Institute for Occupational Safety and Health (NIOSH) (http://www.cdc.gov/niosh)
- ☑ Job-Site Safety Institute (https://www.jssafety.org/)
- ☑ The Center for Construction Research and Training (https://www.cpwr.com/)

# Recursos de seguridad en la construcción

☑ National Association of Home Builders (NAHB) [Asociación Nacional de Constructores de Viviendas] (http://www.nahb.org / safety)

☑ Occupational Safety and Health Administration (OSHA) [Administración de Seguridad y Salud Ocupacional] (http://www.osha.gov)

☑ National Institute for Occupational Safety and Health (NIOSH) [Instituto Nacional de Seguridad y Salud Ocupacional] (http://www.cdc.gov/niosh)

☑ Job-Site Safety Institute[Instituto de seguridad en el Lugar de Trabajo] (https://www.jssafety.org/)

☑ The Center for Construction Research and Training [Centro de Investigación y Capacitación en Construcción] (https://www.cpwr.com/)